구독경제 마케팅

THE AUTOMATIC CUSTOMER

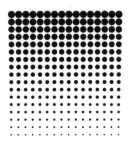

구독경제 마케팅
THE AUTOMATIC CUSTOMER

자동 고객을 만드는
서브스크립션 전략

존 워릴로우 지음 | 김영정 옮김

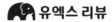
유엑스 리뷰

사차(Sacha)가 중국으로 출장을 갈 거라고 말했을 때 우리는 다섯 달 동안 함께 달리던 중이었다. 타이밍이 그보다 더 나쁠 수 없었다. 마라톤이 겨우 6주 남았고 우리는 훈련 일정 중 가장 힘든 부분을 거치면서 서로에게 동기를 주며 의지하던 터였다.

이제 막바지 준비를 해야 하는데 그가 2주 동안이나 떠나 있게 된 것이다. 함께 연습할 수 없게 되었기 때문에 사차와 나는 디지털 방식으로 서로를 격려하기로 했다. 우리는 서로 동기를 주는 방법으로 매일 훈련 결과를 서로에게 문자로 보내기로 했다. 사차는 내게 문자메시지 대신 왓츠앱(Whatsapp)이라는 메시징 서비스를 사용하는 게 어떤지 물었다.

나는 아이폰의 기본 서비스를 이용해 문자를 보내는 게

익숙했다. 그래서 급하게 새로운 플랫폼을 배우려 하지 않았다. 나는 그에게 왜 우리가 보통 하던 대로 그냥 문자를 보내면 안 되느냐고 그 이유를 물었다.

사차는 전화 회사는 중국에서 보낸 문자메시지에 요금을 부과하는데 왓츠앱은 이동통신 네트워크를 사용하지 않고 인터넷에서 구동되기 때문에 비싼 이동통신 요금을 내지 않아도 된다고 했다. 실제로 왓츠앱을 사용하는 데 드는 유일한 비용은 서비스 사용 1년 후 청구되는 1달러짜리 연회비밖에 없었다.

우리는 사차가 중국에 있는 동안 왓츠앱으로 서로 연락했고 왓츠앱이 지원해준 훈련 기간 덕분에 결국 함께 마라톤을 끝낼 수 있었다. 알고 보니 우리만 왓츠앱을 사용하는 게 아니었다. 2014년 초, 4억 5천만 명이 왓츠앱을 사용하고 있었고, 페이스북이 이 회사를 190억 달러에 인수한다고 발표했을 때 매일 1백만 명의 사용자가 추가되고 있었다. 그리고 페이스북의 왓츠업 인수는 인터넷 스타트업 역사상 가장 큰 규모였다.

당시 다른 인터넷 기반 메시징 서비스는 대부분 사용자를 현금화하기 위해 광고 모델을 사용했다. 그들은 무료 플랫폼을 제공하는 대가로 싸구려 광고로 사용자들을 괴롭혔다. 왓츠앱의 창업자 잔 코움(Jan Koum)과 브라이언 액턴(Brian Acton)은 더 청정하고 더 사적인 메시징 경험을 제공하고 싶었다. 그들은 광고를 파는 대신 구독 비즈니스 모델을 택했다.

연회비 1달러는 큰돈이라고 생각되지 않을지 모른다. 하지만 사용자가 4억 5천만 명인 데다가 매일 1백만 명씩 늘어나고 있다면 연 1달러도 무시할 수 없는 돈이 된다. 더구나 왓츠앱은 구독 기반 메시징 플랫폼 이외에는 아무것도 하지 않기 때문에 직원도 많이 필요하지 않다. 실제로 매각 시점에 이 회사는 직원 55명이 4억 5천만 가입자를 지원하고 있었다.

왓츠앱은 기술이 좋아서라거나, 직원들이 더 세심해서라거나, 광고가 더 재미있어서 190억 달러라는 복권에 당첨된 것이 아니었다. 왓츠앱이 그렇게 된 큰 이유는 이 회사가 자동 고객(구독을 통해 자동으로 서비스를 갱신하는 지속적 고객을 말함)을 만들었기 때문이다. 이 회사는 사용자를 서비스에 가입시키는 성공하기 딱 좋은 비즈니스 모델을 선택했다.

이 책은 구독 비즈니스 모델을 여러분의 회사에 적용하는 방법을 알려줄 것이다. 사람들은 종종 구독하면 클라우드 기반 소프트웨어나 게임, 미디어 회사를 생각한다. 그런 산업에 종사하는 독자들이 이 책의 혜택을 볼 테지만 여러분 역시 구독 비즈니스 모델을 회사 규모나 산업과 관계없이 여러분 회사에 적용할 수 있을 것이다. 왓츠앱은 자동 고객이 여러분 회사의 성장에 얼마나 강력한 힘이 될 수 있는지를 보여주는 하나의 사례일 뿐이다.

나는 엄맘이었다

지난번에 내가 썼던 다른 책은 좀 부족한 점이 있었다. 〈팔기 위해 만들기: 당신 없이도 번창하는 사업 만들기(Built to Sell: Creating a Business That Can Thrive Without You)〉라는 그 책은 성공한 기업을 매각할 수 있는 방법을 설명하기 위해 기획되었다. 거기서 나는 간단하게 정기적으로 구매를 반복하는 고객을 확보하는 것이 얼마나 중요한지에 대해 다뤘다. 하지만 지나고 보니 최소한 책의 절반은 순환 매출에 할애했어야 했다.

〈팔기 위해 만들기〉가 출판된 이후 몇 년간 나는 매각할 수 있는 가치 있는 회사를 구축하는 데 순환 매출이 얼마나 중요한지 알게 되었다. 요즘 나는 소유주들이 회사의 판매 가능성을 높여주는 8가지 주요 추진 요소를 시도하면서 가치 있는 회사를 구축할 수 있도록 도와주는 셀러빌러티스코어(SellabilityScore.com)라는 구독 서비스 회사를 운영한다. 셀러빌러티 스코어 100중 80점 이상을 성취한 소유주들은 평균보다 71%나 높은 제안을 받는다.

여러분의 셀러빌러티 스코어를 높이는 가장 큰 요소는 소유주인 여러분 없이 회사가 어느 정도까지 운영될 수 있느냐다. 그것은 자신의 산업에서 최고의 영업인이라고 할 수 있는 많은 소유주가 머리를 긁적이며 고민하게 하는 문제다. 그 비결은 매달 고객에게 다시 판매하지 않고도 판매를 일으키는 순환 매출을 구축하는 것이다.

순환 매출이 회사 가치에 주는 영향을 알아보려면 회사를 인수할 때 구매자가 사는 것이 무엇인지 이해해야 한다. 소유주들은 대부분 구매자가 작년 수익이나 자신이 자랑스러워하는 산업 표창 같은 지난 성과에 가치를 두기를 바란다. 그간 나의 경험을 보면 실제로 금융계 구매자는 회사를 구매할 때 정말로 오로지 한 가지만 산다. 그것은 바로 미래 수익의 흐름이다.

예를 들어 가정 보안 사업을 하는 회사는 2가지 형태의 매출이 있다. 그들은 가정이나 사무실에 키패드를 설치하고 전선을 연결하기 위해 방문할 때 설치 매출을 받고 월별로 감시 업무에 대한 요금인 모니터링 매출을 챙긴다.

셀러빌러티스코어닷컴에서 우리는 분석을 통해 인수자가 보안 업체를 구매할 때 '일회성' 설치 매출은 75센트, 모니터링 매출은 1달러당 2달러를 지불한다는 것을 알게 되었다. 다른 식으로 말하면 모니터링 매출(그러한 회사의 가입 측면)이 100%인 보안 업체는 설치 매출이 100%인 같은 규모의 보안 업체보다 거의 3배 더 가치 있는 것이다.

동일한 경향이 대부분 산업에 걸쳐 일어나고 있다. 회계 회사는 순환되는 요금을 근거로 가치가 매겨진다. 금융 설계 사무실은 소유주가 은퇴한 후에도 고객들이 그 회사에 머물 확률이 얼마나 되느냐를 근거로 거래된다. IBM의 주식은 서비스 계약에서 나오는 순환 매출을 기반으로 오르고 내린다.

그러므로 순환 매출은 여러분의 회사를 훨씬 더 가치 있게 해주며 경영 스트레스가 덜한 회사로 만들어주기도 한다.

팔고 일하는 무모한 짓

1997년에 나는 워릴로우앤컴퍼니(Warrillow & Co.)라는 리서치 회사를 시작했다. 우리는 반복적으로 '팔고 일하는' 전형적인 서비스 회사로 시작했다. 우리의 업무는 사람들과 관계를 만들어 그들의 문제를 듣고 솔루션을 찾는 것이었다. 프로젝트마다 내용이 달라서 맞춤 제안서를 만드는 데 많은 시간을 보냈다. 게다가 그중 많은 제안서는 채택되지도 않았다.

회사는 서류상으로 수익이 났지만, 경영 스트레스가 너무 심했다. 나는 모든 숫자가 0으로 돌아와 있는 상태에 인건비를 충당할 만한 비즈니스를 찾기 위해 정신없이 움직여야만 하는 매달 1일이 너무나 싫었다.

나는 처음으로 고정비가 월 10만 달러를 찍었던 날을 선명하게 기억한다. 그때 혼자 이렇게 생각했다. '이달에 아무것도 못 팔아도 써야 하는 비용이 10만 달러나 된다는 말이지!'

매달 사업을 처음부터 다시 시작해야 하는 스트레스로 인해 나는 더 나은 비즈니스 모델을 찾아 나서게 되었다.

그래서 가트너(Gartner)나 포레스터 리서치(Forrester Research) 같은 다른 리서치 회사를 연구하기 시작했다. 이 회사들은 서비스를 '상품화'하는 데 성공했고, 그 결과 우리 사업의 일부를 자동화하는 실험을 시작했다.

우리는 '일회성' 리서치를 하는 대신 구독자 기반 고객들에게 동일한 패키지를 제공하기로 했다. 그리고 맞춤 제안서를 만드는 대신 서비스와 표준 제안서를 담은 소책자를 제작했다. 그리고 프로젝트가 완료되고 60일 후에 대금을 받는 대신 리서치에 대한 연간 구독료를 미리 청구하기로 했다.

사업을 하는 데 스트레스가 훨씬 줄어들었다. 우리는 매달 1일을 장부에 매출을 적으면서 시작했다. 그리고 더 한 고객만 바라보지 않아도 됐다. 실제로 아메리칸 익스프레스와 애플, AT&T, 뱅크 오브 아메리카, 델, 페덱스(FedEx), HP, IBM, 마스터카드, 마이크로소프트, 스프린트, 비자, 웰스 파고(Wells Fargo)를 비롯한 세계적인 대기업들을 구독자로 맞이하기 시작했다. 또한, 구독 서비스 요금을 미리 청구했기 때문에 얼마 후 우리 회사가 감당할 수 없을 정도로 많은 현금을 보유하게 되었다. 게다가 해마다 25%의 성장을 기록하며 우리가 그대로 진행하고 있던 일회성 프로젝트의 매출을 대체하고 있었다. 워릴로우앤컴퍼니는 2008년 한 공기업에 매각되었다.

여러분은 이렇게 생각하고 있을지도 모른다. '그거 잘 됐네. 하지만 그건 우리 업계나 우리 회사에서는 잘 안될 거야.' 특히 자신이 속한 분야에서 받아들여지고 있는 업계 관행에 집착하는 경우에는 더욱 그럴 것이다. 여러분도 보게 될 테지만 포춘 500대 기업에서 스타트업에 이르기까지, 혹은 가정을 대상으로 하는 하도급업자에서 제조업체에 이르기까지 사실상 거의 모든 회사가 새로운 비즈니스 모델을 개척하기 위해 그동안 일하던 방식을 버린다면 조금이라도 순환 매출을 만들 수 있다.

그리고 그렇게 하지 않는 회사들은 그렇게 하는 회사들과의 경쟁에 직면할 수도 있다. 전 세계에 걸쳐서 점점 더 많은 소기업이 대기업과 감당할 수 없이 심한 경쟁 상태에 놓이고 있다. 구독경제는 작은 회사들이 큰 회사에 맞설 수 있게 하며 공급자들을 재판매업자들과 겨룰 수 있게 한다. 그리고 심지어 구독경제는 파트너를 적으로 만들어버리기도 한다. 전선이 드리워지고 있다. 그리고 나는 이 책이 여러분이 구독경제에서 승리를 거두는 비밀 무기가 되기 바란다.

이 책은 자신의 회사를 수익성이 좀 더 좋고, 스트레스가 조금 덜한, 전반적으로 훨씬 더 가치 있는 회사로 만들고 싶은 사람들을 위한 것이다. 여러분이 전체 비즈니스 모델을 바꾸고 싶든지 아니면 그냥 5% 정도의 자동 매출을 갖는 것으로 만족하든지 간에 나는 여러분이 다음 장에서 여러분 자신을 볼 수 있게 되기 바란다.

책 속에서 배울 점

이 책은 세 부분으로 나뉘어 있다. 1부는 누가 구독경제에서 승리를 거두고 있는지와 애플이나 아마존 같은 회사들이 왜 구독 비즈니스로 탈바꿈하고 있는지, 그리고 벤처 캐피탈이 돈을 대는 사실상 모든 스타트업이 왜 순환 매출 모델을 갖고 있는지에 대한 놀라운 진실을 알려준다.

우리는 또한 구독 서비스 모델을 채택한 후 회사를 더 가치 있고 스트레스가 덜한 곳을 만들 수 있는 8가지 방법에 대해 살펴볼 것이다. 여러분은 구독 비즈니스 모델이 고객당 평균 가치를 어떻게 획기적으로 늘려주는지와 여러분이 감당할 수 있는 능력에 수요를 맞출 수 있도록 회사 수요를 고르게 하는 방법을 배울 것이다. 우리는 자동 고객이 일회성 고객보다 왜 더 많이 구매하는지, 그리고 구독 매출이 일회성 구매보다 왜 더 끈끈하게 오래 회사에 남는지에 대해 논의해 볼 것이다.

2부에서는 9가지 구독 비즈니스 모델을 소개한다. 앞으로 보게 되겠지만 여러분이 회사에 순환 매출 흐름을 구축하는 데는 다양한 선택지가 있다. 여러분이 전체 비즈니스 모델을 바꾸고 싶든 아니면 소극적 소득으로 몇 천 달러만 챙기고 싶든, 구독 모델을 회사에 적용하는 수 많은 아이디어를 얻게 될 것이다.

이 책의 3부와 4부는 여러분에게 구독 비즈니스 구축 청사진을 제공한다. 구독 서비스의 생존력을 규정할 몇 가지 중요한 통계 숫자에 대해 알아보고 규모를 키우기 위해 반드시 성취해야 하는 한 가지 비율에 집중할 것이다. 그리고 구독 서비스 판매의 심리학과 내가 '구독 서비스 피로감'이라 부르는 것을 극복할 방법을 알아볼 것이다. 그런 다음 구독 비즈니스의 성장에 필요한 돈을 모으는 문제로 돌아가 여러분이 왓츠앱이나 달러 셰이브 클럽(Dollar Shave Club)가 했던 것처럼 벤처 캐피탈의 돈을 끌어다 쓸 의향이 있는지 아니면 프레시북스(Freshbook)나 모스키토 스쿼드(Mosquito Squad)처럼 자기 돈으로 성장을 도모할 것인지 알아볼 것이다. 3부는 여러분 구독 비즈니스의 규모를 키우는 방법에 대해 논의하는 것으로 끝을 맺는다.

자, 이제 시작해보자.

구독경제 마케팅

제1부

구독자가 고객보다 더 낫다

왜 아마존이나 애플을 비롯한 실리콘 밸리의 최고로 유망한 스타트업 중 많은 회사들이 구독 비즈니스 모델에 앞다퉈 투자를 하고 있는 걸까? 1부에서는 자동 고객이 여러분의 회사를 어떻게 더욱 가치 있고…… 그리고 어떻게 더욱더 경영할 맛이 나는 기업으로 만들어주는지 알아보자.

1장

⑤ 구독경제의 승자는 누구인가?

인터넷에서 책이나 싸게 팔던 온라인 서점 아마존이 크게 달라졌다. 물론 여전히 아마존은 책을 팔고 있다. 하지만 최근 아마존은 기저귀에서 세탁 세제에 이르기까지 거의 모든 것을 전 세계의 고객들에게 판매하려 한다. 프라임(Amazon Prime)이라는 가입 서비스를 통해 여러분이 점점 더 많이 지갑을 열도록 하고 있는 것이다.

아마존 프라임 가입자들은 연회비 99달러를 내고 수천 편의 영화나 TV 프로그램의 무료 스트리밍 서비스와 대부분의 제품 구매 시 제공되는 2일 배송 무료 서비스와 같은 상품을 제공받는다. 시장 조사 기관인 CIRP(Consumer Intelligence Research Partners)가 2013년에 내놓은 한 보고서에 따르면 현재 약 1천 6백만 명이 아마존 프라임에 가입했다. 이 책을 쓰고 있는 지금, 투자 리서치 회사 모닝스타 (Mornin Star)는 2017년까지 아마존 프라임의 회원은 2천 5백만 명으로 훌쩍 늘어날 것이라 예상했다. 아마존이 자료를 공개하지 않으니 예상만 했을 뿐이다.

아마존 프라임을 독립 사업으로 분리해 보면 이미 구독 회사로서 1억 달러의 가치는 될 것이다. 하지만 그것은 아마존에서 프라임이 차지하는 가치를 크게 평가 절하한 것이다. 다른 구독 모델들처럼, 아마존 프라임은 소비자들이 기꺼이 아마존에서 사려고 하는 제품의 종류를 늘려나가면서 산더미같이 많은 데이터를 시애틀의 전문가들에게 보내 면밀히 검토하고 있는 트로이의 목마라고 할 수 있다.

'그건 결코 79달러짜리 문제가 아니었어요.'라고 연회비 79달러로 프라임 서비스를 처음 시장에 내놓은 팀에서 일했던 비제이 라빈드런(Vijay Ravindran)은 말했다. '사실 프라임은 사람들이 다른 데서는 쇼핑을 하지 않도록 생각을 완전히 바꿔놓는 일이었죠.'

모닝스타에 따르면 현재 비 프라임 회원이 1년에 평균 505달러를 아마존에서 쓰는 데 비해, 프라임 회원은 연평균 1,224달러를 쓰고 있다. 아마존에서는 우수 고객들도 무료 배송 혜택을 많이 받고 있기 때문에 프라임 회원이 단지 회원이라는 이유만으로 그 정도로 훨씬 더 많은 돈을 아마존에서 쓴다고 볼 수는 없다. 게다가 모닝스타가 계산한 바에 따르면, 프라임 회원은 배송과 스트리밍 콘텐츠로 발생하는 비용을 감안하고도 일반 고객들보다 연 78달러 이상 더 많은 이윤을 아마존에 가져다주고 있다.

일부 애널리스트들은 프라임 서비스가 고객의 구매 행동에 긍정적인 영향을 주고 있는 것으로 보이니 가입비를 낮춰 이 프로그램을 더욱 빨리 성장시켜야 한다고 주장해 왔다. 하지만 그러한 생각은 아마존의 핵심 전략을 놓치고 있다. 회원이 되기 위해 연회비 99달러를 내고 나면, 여러분은 '회비만큼의 가치를 가져가고 싶을 것'이다. 회비로 투자한 돈을 회수하려는 생각에 갑자기 휴지에서부터 운동화까지 아마존에 있는 모든 종류의 상품 가격을 조사하기 시작할 것이다. 아마존의 공격적인 가격과 끝도 없이 많은 상품 섹션 속에서 여러분은 다른 데서 파는 것보다 더 낮은 가격으로 팔리는 제품을 찾으려 하면 거의 매번 찾을 수 있다. 무료 배송을 고려하면 아마존에서 물건을 사기로 결정하는 것은 어렵지 않은 일이다.

2008년부터 2013년까지 아마존 프라임의 부회장을 지냈던 로비 슈바이쳐(Robbie Schwietzer)는 아마존 프라임 서비스에 대해 다음과 같이 말했다. '내가 근무했을 때는 그 정도로 새로운 프로덕트 라인에 성공적으로 고객을 유치한 프로그램이 없었습니다.'

프라임 서비스를 통해 아마존은 월마트(Walmart)나 타깃(Target)과 같은 소매업체들과 정면으로 승부를 겨루고 있는 중이다. 그런데 이 세 거대 사업자가 시장 우위를 차지하기 위해 요란하게 치고받든 말든 우리가 왜 그것에 신경을 써야 하는 걸까? 그것은 고객들이 아마존에서 점점 더 많은 상품을 살 수 있게 되면서 프라임 서비스가 더 작은 회사의 비즈니스까지도 집어 삼키고 있기 때문이다.

얼마 전 나는 아마존에서 뉴발란스 러닝화를 한 켤레 샀다. 나는 운동화를 아마존에서 살 거라고는 생각해본 적이 없었다. 하지만 나도 프라임 회원이라 무료로 신발을 배송받을 수 있기 때문에 동네에 있는 러닝 룸(Running Room) 매장까지 걸어갔다 오는 대신 아마존을 선택했다.

러닝룸은 북미 지역에 100여 개의 지점을 가진 회사로 아마존에 비하면 규모가 작다. 사람들은 대부분 아마존을 직접적인 경쟁자로 생각하지 않을 것이다. 하지만 러닝 룸은 내가 가입한 연회비 99달러짜리 프라임 서비스 때문에 내가 매장에서 상품을 구매했으면 생겼을 매출을 잃게 된 것이다.

모든 것을 구독할 수 있는 시대

프라임 서비스를 통해 구독 비즈니스에 대해 많은 것을 배운 아마존은 현재 구독 모델을 다른 사업 영역에도 적용하고 있다. 아마존 프레시(AmazonFresh)는 아마존이 2007

년부터 자신의 고향 시애틀에서 시도하고 있는 식료품 배달 사업으로 시작은 구독 비즈니스가 아니었다. 대신 1시간에서 3시간 이내에 우유나 채소, 고기를 바로 문 앞에서 받아보기 위해 배송비 8달러에서 10달러를 낼 용의가 있는 사람들 누구에게나 열려 있는 서비스였다.

아마존이 수익성 있는 비즈니스 모델을 찾기 위해 노력하고 있던 때, 아마존 프레시는 6년째 한 도시에서 계속 베타 서비스로 머물러 있는 상태였다. 그리고 마침내 이 사업은 계속해볼 만한 것으로 판명되었다. 이는 2013년 아마존 연례 주주총회에서 아마존의 창업자 제프 베조스가 아마존프레시에 대한 질의에 답변하면서 이렇게 말한 걸 보면 알 수 있었다. '작년에 아마존 프레시는 경제성 면에서 더욱 개선되었습니다. 담당자들은 고객 경험과 경제성을 적절히 조절하기 위해 다양한 실험을 진행하면서 큰 노력을 기울여왔습니다. 따라서 저는 이 팀의 성장성을 낙관적으로 보고 있습니다.'라고 그는 말했다.

2013년 봄, 아마존 프레시는 이 프로그램을 시행할 두 번째 도시로 로스앤젤레스를 선택했다. 그런데 LA에서 제공되는 아마존 프레시에는 이전과 확실히 다른 점이 하나 있었다. LA 고객들은 프라임 프레시 서비스를 이용하려면 연회비 299달러를 내고 가입해야 했다. 그리고 가입 고객들이 식료품을 35달러어치 이상 주문하면 배송을 무료로 해주었다.

이는 아마존 프라임 서비스와 같은 효과를 냈다. 프라임 프레시에 가입한 회원들 역시 더 자주, 그리고 더 다양한 범위의 식료품 카테고리에서 상품을 구매하도록 자극받았던 것이다. 가입한 회원들은 이렇게 생각하게 된다. 어쨌거나 지금 우유를 주문해야 하는데 콜라 한 상자에다 곧 다 떨어질 것 같은 세탁 세제 리필도 같이 주문해서 35달러를 채우는 게 좋겠어. 프라임과 마찬가지로, 가입비를 내는 행위는 소비자에게 '그 돈만큼의 값어치'를 뽑아야겠다는 생각이 들게 한다. 그리고 이러한 생각이 바로 그들이 아마존이 바라는 대로 행동하게 만드는 것이다. 아마존의 이러한 전략은 식료품 부문에만 국한되지 않는다. 서브스크라이브 앤 세이브(Subscribe & Save)는 뒤이어 나온 아마존의 또 다른 구독 서비스다. 이 프로그램에 가입한 사람들은 주방 세제나 종이 행주처럼 주기적으로 자주 구매해야 하는 물건을 받아본다. 그리고 배송 날짜가 같은 구독에 5개 이상 가입한 경우, 전체 주문 금액의 15%를 할인받을 수 있다.

아마존의 구독 서비스를 통해 여러 가지 제품을 구매하는 소비자가 점점 늘어나자 경쟁사들도 이에 맞서 대응에 나서기 시작했다. 2013년 가을, 미국 미네아폴리스의 대형 온오프라인 유통기업 타깃(Target)이 타깃 서브스크립션 (Target Subscription)이라는 서브스크라이브 앤 세이브와 유사한 프로그램을 시작했다. 이 프로그램도 당연히 기저귀나 물티슈 같은 아기용품에 먼저 초점을 맞추었다. 아기용품은 2013년, 아마존이 기저귀 구독 서비스를 시작하면서 크게 투자한 분야로 당시 매달 30%씩 성장하고 있던 다이아퍼스닷컴(Diapers.com)을 만든 퀴드시(Quidsi)를 인수하는 데 5억 4천 5백만 달러를 썼다.

아마존은 소비자 판매로 수익을 내는 것으로 잘 알려졌지만, 구독 서비스는 B2C뿐 아니라 B2B 부문에서도 효과를 볼 수 있다. 아마존의 최신 벤처 중 하나는 다른 회사가 구독 비즈니스를 성장시킬 수 있도록 돕는 구독 서비스를 제공한다. 아마존 웹 서비스(AWS)는 가입 기업들에 서버와 소프트웨어, 기술 지원을 이용할 수 있는 권한을 제공한다. 어도비(Adobe)나 시트릭스(Citrix), 세이지(Sage)를 비롯한 전 세계의 수많은 구독 서비스 기업들이 에어비앤비(Airbnb)나 핀터레스트(Pinterest), 드롭박스(Dropbox), 스포티파이(Spotify)와 같이 주목받는 스타트업들과 함께 AWS의 도움을 받고 있다.

아마존은 사실상 모든 사업 분야에서 구독 비즈니스 모델을 개척하는 중이다. 하지만 구독 비즈니스 모델은 새로운 것이 아니다. 실제로 이것은 꽤 오랫동안 우리 주변에 존재해 왔던 모델이다.

구독 모델의 (매우) 짧은 역사

구독 비즈니스 모델의 역사는 1500년대로 거슬러 올라간다. 당시 유럽의 지도 제작자들은 고객들이 가입을 통해 앞으로 발행될 지도를 받아보도록 했다. 그들은 새로운 땅이 발견되거나, 정복되거나, 소유가 바뀜에 따라 그 내용을 지도에 계속 반영하고 있었다. 당시는 지정학적인 풍경이 시간이 흐르며 계속 달라지던 때였다. 그래서 지도 제작자들은 종이 위에 전 세계에서 새롭게 발견된 사실을 표시하는 데 필요한 자금을 확보하기 위해 귀족이나 지식인 계급 회원들로부터 가입을 통해 향후 발행될 지도를 받아보겠다는 약속을 받아내려 했다.

그런 다음 이 모델은 17세기 유럽의 정기간행물로 이어져 모든 초창기 신문과 잡지에 적용되었다. 그러다 결국 구독 모델은 정보 출판업계의 일반적인 사업 접근법이 되었다. 독자들은 가입을 통해 일반 종합 출판물을 받아보아야 했고, 그들이 낸 가입비는 광고 매출과 함께 편집물을 제작하고 그것을 독자들에게 발송하는 비용으로 사용되었다. 이것은 돈을 버는 확실한 방법이기도 했기 때문에 이러한 추세는 20세기까지 계속 이어졌다. 윌리엄 랜돌프 허스트(William Randolph Hearst)와 좀 더 최근 인물인 루퍼트

머독(Rupert Murdoch)과 같은 출판업자들은 구독 기반 신문을 발행해 초기 사업자금을 조성했다.

하지만 정보 출판업의 경제성은 인터넷의 출현으로 악화되고 말았다. 인터넷은 출판물 발송 비용을 사라지게 하고 콘텐츠를 소비자들이 무료로 기대하기 시작할 정도로 상품화했다. 소비자들이 콘텐츠를 무료로 볼 수 있다고 생각한 것뿐만이 아니었다. 그들이 관심을 가진 콘텐츠의 유형도 점점 더 자기들만 이해하는 소수만을 대상으로 하는 것이 되어 갔다. 잡지 〈와이어드(Wired)〉의 전직 편집자였던 크리스 앤더슨(Chris Anderson)이 자신의 베스트셀러 〈롱 테일(The Long Tail)〉에서 밝힌 것처럼 구글에서 검색하면 전 세계의 콘텐츠를 다 찾아볼 수 있기 때문에 사람들은 더 이상 주류 출판업자들이 제공하는 아주 개략적이고 일반적인 정보에 만족하지 않게 되었다. 콘텐츠에 대한 취향이 점점 세분화되고 있는 것이다. 컬링을 좋아하는 사람이라면 기껏해야 겨울에 몇 번 컬링 기사를 내는 신문을 보는 대신 온라인에서 무료로 마음껏 컬링 정보를 소비할 수 있다.

이렇게 전통적인 출판 모델은 두 가지 측면에서 공격을 받게 되었다. 정보는 상품화되고 있고 그에 대한 우리의 취향은 점점 세분화되고 있다는 점이다. 잡지와 신문은 콘텐츠를 만들고 그것을 발송하는 비용을 낼 구독자가 점점 줄어들자 편집 예산을 대폭 삭감하기 시작했다.

콘텐츠의 품질이 크게 떨어지면서 사람들은 좋은 콘텐츠에 돈을 낼 가치가 있다는 사실을 깨닫기 시작했다. 이리하여 구독자들은 정보 산업에서 새로운 삶을 시작하게 되었다. 먼저, 1997년 월 스트리트 저널(Wall Street Journal)이 용감하게 질 높은 콘텐츠를 유료화의 벽 뒤로 숨기고 18개월 만에 유료 구독자 20만 명을 확보했다. 2007년에는 파이낸셜 타임스(Financial Times)가 '계량화 모델(Metered Model)'로 유료화를 시작했다. 독자들이 무료로 기사 10개를 보면 그들에게 가입 요청을 했다. 그런 다음 독자들에게 기사를 30개 더 제공했다. 그리고 그것을 다 읽으면 최대 325달러의 연간 구독료를 내고 가입할 것인지 물어보았다. 2011년까지 월 스트리트 저널은 유료 온라인 회원 1백만 명을 넘겼고, 단언컨대 전 세계에서 가장 영향력 있는 매체인 뉴욕 타임스(New York Times)는 계량화 모델로 유료화를 시작한 후부터 2013년까지 온라인 가입자 70만 명을 확보했다.

월 스트리트 저널이 유료화를 시작한 것과 거의 같은 시기에 실리콘 밸리는 구독 비즈니스 모델에 한창 빠져 있었다. 1990년대 말, 온비아(Onvia)와 같은 앱 서비스 제공업체들이 사용자들에게 CD로 소프트웨어를 로딩하는 대신 가입을 통해 컴퓨터 응용 프로그램에 접속하도록 했다. 초기 플레이어 중 일부는 2001년 '기술주 붕괴(Tech Wreck)' 시기에 도태되었지만, 이 비즈니스 모델은 서비스로서의 소프트웨어(software as a service, SaaS) 비즈니스와 소프트웨어닷컴(Software.com)과 콘스턴트 콘택트(Constant Contact) 같은 '클라우드 기반' 회사에 남아 있다.

구독 서비스 모델의 르네상스

기본적으로 구독 비즈니스 모델은 수 세기 동안 계속되

어왔지만 지난 20년간 기술과 미디어 기업에 의해 다시 활기를 찾게 되었다. 가장 최근에는 다음 네 가지 요소가 융합되어 산업 전반에 걸쳐 구독 모델의 르네상스가 펼쳐지고 있다.

액세스 세대

2013년, 미국에서는 주택 소유자가 18년 만에 처음으로 줄어들었다. 이러한 현상이 일어난 이유는 밀레니얼 세대의 행동 특성에 있다. 그들은 교외에 집을 한 채 소유하는 아메리칸 드림을 꿈꾸었던 베이비붐 세대 부모들과는 다르다. 요즘 이삼십 대는 결혼을 하고 자식을 낳는 것을 미루고 교외에 집을 한 채 갖는 것보다는 집을 빌려 도시에 살고 싶어 한다.

학자금 대출을 짊어진 채 직업 구하기도 어려운 많은 젊은이는 집을 갖고 싶어도 그럴 능력이 안 된다. 그리고 밀레니얼 세대의 많은 이들에게 자산은 이동에 제약을 주는 굴레처럼 느껴질 뿐이다.

그들을 액세스 세대라고 부르자. 이들은 증가하고 있
는 모바일 지지자이자 다양한 기술 지식을 보유한 젊은이
들로 자산에 대한 접근성에 가치를 두고 있다. 그들은 손
쉽게 이동할 수 있는 주거 상태를 선호하며 집을 소유하
기보다는 빌리는 것을 좋아한다. 아이튠즈(iTunes)에서 음
악을 사기보다 스포티파이(Spotify)에서 바로 듣고, 반즈
앤노블(Barnes & Noble)에서 책을 사기보다 오이스터북
스닷컴(Oysterbooks.com)이나 스크리브드(Scribd)에 가입
한다.

액세스 세대는 새로운 '공유'경제의 폭발적인 증가의 배
경이 된다. 물건 공유는 줄곧 물건 그 주변에서 이루어져
왔다. 하지만 기술로 인해 공유의 규모가 커진다. 에어비
엔비와 같은 웹사이트는 구매자와 판매자를 연결해준다.
GPS가 되는 아이폰을 사용하면 가장 가까운 집카(Zipcar)
를 찾을 수 있다. 페이스북과 링크드인(LinkedIn)을 통해 비
즈니스를 함께 하려고 생각 중인 사람에 대해 자세히 알아

볼 수 있으며 페이팔(PayPal) 같은 사이트를 통해 안전하게 대여료를 낼 수 있다.

전등 스위치처럼 당연한 인터넷의 신뢰성

우리는 방에 들어가 불을 켜면서 혹시 불이 안 들어오면 어쩌나 하고 숨을 멈추고 기다리지는 않는다. 전기는 너무나 당연한 것이므로 그냥 불이 켜지려니 할 뿐이다. 이제는 인터넷이 삶의 거의 모든 곳에 스며들어 당연한 것이 되었다. 20년 전에는 다이얼 업 연결을 위해 노트북에 전화선을 꽂을 수 있는 자리를 찾아다녀야 했다. 하지만 요즘에는 호텔에서부터 친구네 지하실, 1킬로미터 상공의 비행기 안 등 어디에서나 WiFi가 될 거라 기대할 수 있게 되었다.

인터넷 연결이 안정적이면 안정적일수록 사람들은 더욱더 인터넷에 의존하려 한다. 이제 우리는 은행 업무에서부터 사교 생활까지 모두 것을 온라인에서 하고 있다.

여러분이 세일즈포스닷컴(Salesforce.com) 같은 구독 서비스를 믿고 회사의 모든 비공개 고객 데이터를 보관할 수 있거나 거래 은행의 웹사이트를 믿고 전기요금을 낼 수 있다면, 바크박스닷컴(BarkBox.com)에 가입비 월 19달러를 내고 개 사료를 사는 것이 그렇게 위험스러워 보이지는 않을 것이다. 바크박스닷컴의 창업자 매트 미커(Matt Meeker)는 다음과 같이 설명한다. '온라인 상거래에 대한 믿음이 크지 않고 인터넷 속도가 느렸던 때에는 바크박스가 크게 통하지 않았습니다.' 바크박스 같은 회사들은 온라인 상거래에 대한 신뢰가 커진 요즘에 사업 가능성이 생겼다. 소위 '블루칩'이라고 하는 우량 기업에만 신용카드 정보를 알려주던 때도 있었다. 하지만 요즘 우리 중 많은 사람은 심지어 신생 스타트업에 자신의 디지털 정보를 내주기도 한다.

쓸모 있는 데이터

고등학교에서 배웠던 구식 유통 채널 구조를 기억하는

가? 눈을 감으면 아마 제조업체들이 유통업자에게 물건을 넘기고, 유통업자가 그 물건을 소비자에게 판매할 소매업자에게 다시 물건을 넘기는 그림이 그려진 플로차트가 떠오를 것이다.

그런 모델에서는 고객이 좋아하는 것에 대한 정보를 '채널'에 의존해야 했다. 고객이 녹색 제품을 원하는지 빨간색 제품을 원하는지 채널에 물어봐야 알 수 있다.

요즘 회사들은 전보다 한층 더 최종 소비자와 가깝게 지낸다. 많은 소비자가 온라인 채널을 통해 물건을 구매한다. 그리고 판매 후 서비스나 지원을 받기 위해 생산자와 직접 소통하는 일이 자주 있는 일이 아니다. 그러한 고객과의 의사소통은 전부 수학적 모델로 만들어진다. 그리고 그것은 몇 초 만에 당장 수십억 개의 데이터를 보관하고 처리할 수 있는 컴퓨터로 볼 수 있다. 그 때문에 여러분이 웨스트윙(The West WIng)에 별 5개를 주면 넷플릭스의 데이터가 여러분이 하우스 오브 카드(House of Cards)를 좋아할 것으로 예측할 수 있는 것이다.

데이터가 자산이 되었다. 그리고 그 어느 것도 구독 비즈니스보다 더 많은 고객 정보를 확보할 수는 없다. 전통 기업들이 전면적인 구독 서비스를 시작하고 있는 이유는 구독 서비스가 제공하는 데이터 때문이다.

2012년에서 2013년까지 월마트의 혁신 인큐베이터인 @월마트랩스(@WallmartLabs)에서 구독 비즈니스인 구디스 Co.(Goodies Co.)를 운영했다. 구디스 Co.는 월회비 7달러를 정액으로 받고 가입자들에게 견본품을 담은 상자를 배달했다. 그리고 가입자들은 제품이 마음에 들면 구디스 웹사이트에서 본품을 구매할 수 있었다.

월마트는 가입자들이 구매한 제품뿐 아니라, 견본품에 대한 상품평을 쓸 수 있는 구디스 웹사이트의 제품 평가 시스템을 통해서도 가입자들에 대한 통찰을 얻었다. 이때 구디스는 상품 평가나 상품평 작성을 하거나 사진을 업로드한 가입자들에게 적립 포인트를 주는 것으로 보상했다. 그리고 가입자들이 포인트를 일정 수준 모으면 다음 달에 상자를 무료로 보내주었다.

월마트는 한 달에 겨우 7달러를 벌자고 구디스 Co.를 시작한 게 아니다. 이 세계적인 초대형 소매업체는 어떤 과자가 사람들이 본품으로 사고 싶을 만큼 반응이 좋은지 알고 싶었던 것이다. 구디스의 가입자들은 월마트가 과자에 대한 고객 취향이 어떻게 달라지고 있는지 이해하는 데 도움을 주었다. 그리고 그것은 월마트가 매장에서 판매할 상품을 제대로 구매하는 데 도움이 되었다.

롱 테일

크리스 앤더슨(Chris Anderson)이 〈롱테일(Long Tail, 인터넷 비즈니스에 성공한 기업들의 상당수가 20%의 머리 부분이 아니라 80%의 꼬리를 기반으로 하여 성공했다는 이론)〉에서 주장했듯 인터넷의 등장으로 많은 제품과 서비스의 유통 비용을 낮아졌으며, 그 결과 우리의 욕구도 다양해졌다.

앤더슨이 경험을 애기한 것처럼 우리에게는 책을 서점에서 사던 시절이 있었다. 서점은 임대료를 낸다. 그러므로 임대료와 인건비를 치를 수 있을 만큼 충분히 평당 매출을 올릴 수 있는 베스트셀러를 재고로 둘 수밖에 없다. 이는 여러분이 존 그리샴(John Grisham)이나 짐 콜린스(Jim Collins)를 좋아한다면 문제가 없겠지만 독서 취향이 조금 더 특이하다면 이것은 짜증 나는 일이다.

요즘에는 디지털로 상품을 판매하는 데 거의 비용이 들지 않는다고 봐야 한다. 그러므로 기업들은 이제 '잘 팔리는 물건'만 진열하지 않아도 된다. 그 결과 사람들은 자신의 개인적인 취향에 맞춰 살게 되었다. 살사 댄싱을 좋아하는 사람은 스포티파이에 가입해 수백 시간 동안 차차차를 들으면 된다. 사람들이 모두 콜드플레이(Coldplay)나 비욘세(Beyonce)를 듣고 싶어 한다면 스포티파이에 가입할 필요가 없다. 그냥 그들의 최신 앨범을 사면 된다. 영국 범죄 드라마를 좋아하면 케이블에서 이주의 영화가 나오기를 기다릴 필요가 없다. 넷플릭스 스트리밍 서비스에 가입해서 밤낮을 가리지 않고 아무 때나 탐정 모스(Inspector Morse)를 보면 된다. 초콜릿을 좋아하면 동네 월그린스(Walgreens)에서 다이어리 밀크(Diary Milk) 바를 사면 된다.

하지만 점점 많은 초콜릿 애호가들이 뉴욕의 스탠더드 코코아(Standard Cocoa)에 가입비 월 25달러를 내고 매달 전 세계에서 엄선한 초콜릿을 받아보고 있다.

고객들은 자신들의 개인적 취향대로 살고 싶어 한다. 그리고 그러기 위해 점점 구독 서비스를 더 많이 이용하고 있다.

새로운 구독경제와 경쟁하기

액세스 세대와 전등 스위치처럼 당연한 신뢰성, 쓸모 있는 데이터, 롱 테일 이렇게 네 가지 요소가 이 세상의 가장 성공한 기업들과 유망한 스타트업 중 일부가 자신의 비즈니스 모델을 구독 서비스에 초점을 맞출 수 있도록 해 주고 있다. 애플의 예를 들어보자. 애플은 기업용 제품이 아니라 소비자용 제품으로 여겨져 왔다. 기업들은 산업 표준인 마이크로소프트를 선호하고 애플은 꺼렸다. 하지만 그것은 세계에서 가장 성공한 IT 기업 애플이 자신의 제품을 찾는 고객을 확보하는 새로운 길을 찾기 전의 일이 었다.

이 새로운 프로젝트를 조인트 벤처(Joint Venture)라고 한다. 2011년에 시작된 조인트 벤처는 백만 명의 소비자가 연회비 99달러를 내고 애플의 문제 해결사들을 특별히 이용할 수 있는 권한을 갖는 애플의 원 투 원(One to One) 가입 프로그램에서 일부 영향을 받은 것이다. 조인트 벤처에서 애플은 연회비 499달러를 받고 한 기업이 사업을 시작하면서 맥(Mac) 제품으로 회사를 운영하는 데 도움을 줄 것이다. 애플은 여러분 회사의 컴퓨터를 설정하고 오래된 데이터를 통합해 줄 것이다. 거기다 직원들이 새로운 맥 제품을 사용할 수 있도록 교육도 해줄 것이다. 또한, 조인트 벤처 가입자들은 애플의 지니어스 바(Genius Bar)를 이용할 수 있는 특별 권한을 갖게 되며 사용 중인 맥 제품이 서비스를 받아야 하는 경우 무료로 다른 컴퓨터를 빌릴 수도 있다.

왜 여러분은 애플이 수억만 달러를 어떻게 더 벌어들였

는지에 관심을 가져야 할까? 첫째, 애플은 현명한 기업이다. 그러므로 새로운 비즈니스 모델이 애플에 효과가 있다면 여러분의 기업에 적용할 수 있는 것도 있는지 알아볼 가치가 있다. 둘째, 애플이 원 투 원에서 벌어들인 수억만 달러, 그리고 다른 포춘 500대 기업이 유사한 구독 모델로 끌어 모은 수십억 달러가 여러분의 주머니에서 나오고 있는 것일지도 모른다.

애플의 원 투 원 서비스는 애플 리셀러(Apple Reseller) 네트워크의 가치 제안 중 일부를 잠식한다. 이들 소규모 독립 회사는 애플 하드웨어를 판매하고 서비스를 제공하는 대가로 소액의 수수료를 받으며 생존한다. 어떤 사람들은 중개인을 거치는 대신 회사로부터 직접 문제에 대한 답을 들으려 하기 때문에 원 투 원은 이러한 비즈니스에 대한 수요를 축소시키는 경향이 있다.

애플과 아마존처럼 케이블 TV 거대 기업 타임 워너 케이블(Time Warner Cable)도 최근 시그니처홈(SignitureHome)이라는 구독 서비스를 시작했다. 이 구독 서비스는 가입자들에게 회사의 서비스 직원을 이용할 수 있는 특별 권한을 제공하는 것으로 월 199달러를 내는 가입자들에게 텔레비전 패키지와 인터넷 연결, 모든 기기를 맞춤 설정할 수 있도록 특별히 훈련된 기술자와 상시 온라인 채팅이나 전화 통화가 가능한 '전용 문제 해결 상담' 팀이 제공된다. 또한, 원하는 시간대에 서비스 콜을 예약할 수 있는 특별 권한이 주어지기도 한다. 타임 워너 케이블의 기술자들은 시그니처홈 가입자의 집을 방문할 때 마루를 더럽히지 않도록 특수 제작된 부티를 신는다. 이것은 시그니처홈 가입자들이 서비스의 가치를 느낄 수 있도록 계획된 작은 배려이다.

이와 유사하게 마이크로소프트도 역사상 가장 많이 사용되고 있는 소프트웨어 프로그램인 마이크로소프트 오피스(Microsoft Office)를 두고 구독 서비스 분야에서 경기를 펼쳐왔다. 이 레드몬드 주민들은 여러분이 스테이플스(Staples)에서 오피스(Office)를 구매하기를 바라지 않는다. 대신 오피스 365(Office 365)에 가입하기를 바란다. 마이크로소프트가 클라우딩 컴퓨팅을 공격적으로 추진하는 것은 기업이 가입을 통해서만 사용할 수 있는 또 다른 오피스 생산성 스위트인 구글 앱스(Google Apps)에 의해 가속화되었다.

애플이나 타임 워너 케이블, 아마존, 타깃, 마이크로소프트, 구글과 같은 대기업들은 자신의 전통 비즈니스 모델을 완전히 버리지 않아도 된다. 많은 경우 그들은 반복되는 매출을 만들고, 기존 고객과의 관계를 넓히고, 고객들이 원하는 것이 무엇인지 이해할 목적으로 구독 비즈니스를 추가하고 있다. 리서치 회사 가트너는 다음과 같이 예상한다. '2015년까지 비미디어 디지털 제품을 가진 글로벌 2000대 기업의 35%가 가입 기반 서비스와 매출 모델을 통해 5%에서 10%의 반복적인 매출을 새로 마련할 것이다.'

여러분은 좋든 싫든 지금 새로운 구독경제와 경쟁을 하고 있다. 그리고 방어를 할지 공격을 할지 그것은 여러분에게 달렸다. 방어를 선택한 플레이어들은 어떻게 아마존이나 애플 같은 거대 기업의 구독 서비스가 주는 충격을 최소화할 것인지를 결정할 것이다. 그러다 회사는 결국 쪼

그라들어 업계에 보잘것없는 존재로 남게 될 것이다.

그렇지 않으면 알렉스 히센(Alex Hyssen)처럼 여러분 자신의 구독 서비스를 시작하며 공격을 펼칠 수도 있다.

멋진 젊은이들의 행보

코이에(Køge)는 허벌 매직 웨이트 로스 & 뉴트리션 센터즈(Herbal Magic Weight Loss & Nutrition Centers)의 공동 창업자 중 한 명인 제임스 히센 박사의 아들 알렉스 히센이 공동 창업한 토론토의 유망한 스타트업이다. 이 회사는 캐나다 전역에서 280여 개의 점포를 운영하며 체중 감량 프로그램과 보조제를 제공하고 있다.

코이에는 또한 비타민 소매업을 하기도 한다. 그러나 히센은 아버지가 간 길을 따르는 대신 구독 비즈니스 모델을 선택했다. 월 49.99달러를 내고 서비스에 가입하면 여러분은 현관 앞에서 식이요법을 위한 하루 필요 비타민을 매달 받아볼 수 있다. 일단 가입을 하고 자신의 건강 목표에 맞는 비타민 꾸러미를 받게 되면 비타민을 구매하는 귀찮고 반복적인 일이 여러분의 할 일 목록에서 영원히 사라지게 된다.

현재 세계적인 유망한 스타트업 중 많은 회사가 새로운 고객을 확보하고, 기존의 팬들을 묶어두고, 현금 흐름을 개선할 목적으로 구독 비즈니스 모델에 투자하고 있다. 이코노미스트 인텔리전스 유닛(Economist Intelligence Unit)의 2013년 한 연구에 따르면 조사 대상 기업의 반 이상이 제품과 서비스를 전달하는 방식을 바꾸고 있다. 조사에 응한 다섯 회사 중 네 곳은 자신의 고객이 공유 또는 가입과 같은 새로운 소비 모델로 전환하고 있다고 믿는다. 그리고 제품의 가격을 정하고 전달하는 방식을 바꾼 기업 중 40%가 구독 비즈니스 모델을 채택하고 있다.

하지만 모든 주어진 상품의 시장은 제로섬 게임이다. 코이에의 비타민 처방 서비스에 가입하기로 한 고객이 한 명 생기면 동네 건강식품 상점에서 비타민을 사는 사람이 한 명 줄어든다. 그리고 아마존의 서브스크라이브 앤 세이브에 가입해 퍼피 차우(Puppy Chow)를 받기로 한 고객이 한 명 생기면 동네 반려동물용품 상점을 방문하는 애견인이 한 명 줄어든다.

그래서 무슨 일이 일어나겠느냐고? 여러분은 자신의 비즈니스가 다른 누군가의 구독 비즈니스에 당하는 꼴을 눈 뜨고 보고만 있을 텐가? 아니면 여러분도 자신만의 자동 고객을 확보할 준비를 할 것인가?

아마존이나 애플, 마이크로소프트 같은 거대 기업들이 이미 차지하고 있는 우리의 지갑을 더 단단히 움켜쥐기 위해 구독 서비스 모델을 채택하고 있다.

그래서 뭐가 문제냐고? 그런 걸 왜 신경 써야 하느냐고? 여러분의 회사는 매출이 천억 달러나 되지도 않고 그렇다고 어떤 회사들처럼 벤처 캐피탈이 든든하게 뒤를 받쳐주고 있는 스타트업도 아니다.

책을 잘못 골랐다고? 그렇지 않다.

나는 2014년 구독 서비스 회사 프레시북스닷컴(Fresh-Books.com)의 CEO 이자 공동 창업자인 마이크 맥더먼트

(Mike McDerment)가 구독 비즈니스 모델에 대해 나와 이야기를 나누면서 한 말이 그것을 가장 잘 표현했다고 생각한다. '그건 세상에서 가장 끝내주는 비즈니스 모델이에요……. 아주 정확하게 예측을 해서 계획할 수 있기 때문에 기업가인 당신이 밤에 마음 놓고 편히 잘 수 있거든요.' 라고 그는 말했다.

이 장에서 나는 여러분의 비즈니스의 규모가 어떻든 또는 여러분이 어떤 산업에 속해있든 간에 여러분이 왜 회사를 위해 구독 모델을 고려해봐야 하는지 그 이유를 보여줄 사례를 알려줄 것이다. 구독자가 고객보다 더 나은 8가지 이유는 이러하다.

1. 구독자들은 여러분의 가장 큰 자산 가치를 증가시킨다

여러분이 대부분의 회사 소유주와 같다면 가장 큰 자산은 살고 있는 집이나 주식 포트폴리오가 아니다. 여러분의 재산은 여러분의 사업체와 그것이 잠재적 인수자들에게 얼마만큼의 가치가 있는지와 연결되어 있다. 구독 서비스가 없다면 여러분의 기업 가치는 얼마가 될지 자세히 살펴보자.

내 경험에 의하면 중소기업의 가치를 매기는 데 가장 흔히 쓰이는 방법은 현금흐름 할인법이다. 이 방법은 회사의 미래 수익의 흐름을 예상한 다음 미래 수익에 돈의 시간 가치를 반영하여 그것이 주어진 현재 달러로 투자자에게 어떤 가치가 있는지 '할인'하는 것이다. 이 투자 이론은 마치 MBA에서나 할 법한 것처럼 들리지만 현금흐름 할인법 가치 평가는 여러분도 알지 못하는 사이에 개인 생활에 많이 적용되고 있다.

예를 들어, 오늘 여러분은 지금부터 1년 후에 100달러의 가치가 있을 투자에 무엇을 내놓겠는가? 여러분은 투자의 대가 받을 수 있는 기대로 100달러를 '할인'하는 하려고 할 것이다. 여러분이 매년 자기 돈의 7%를 번다고 가정하면 여러분은 12개월 후 100달러의 가치가 될 것으로 기대되는 투자에 지금 93달러 46센트(100달러를 1.07로 나눈 금액)를 지불하려 할 것이다.

현금흐름 할인 가치 평가 방법을 사용하면 인수자가 여러분 회사의 미래 수익을 크게 기대할수록, 그리고 여러분의 예측이 신뢰할 만하면 할수록 회사 가치는 더 높아질 것이다.

그러므로 전통적인 기업의 가치를 개선하기 위한 여러분이 가진 두 가지 중요한 레버는 (1) 여러분이 미래에 기대하는 수익의 양과 (2) 그 예측의 신뢰성이다.

셀러빌러티스코어닷컴(SellabilityScore.com)에서 이 가치 평가 방법의 효과를 매일 확인할 있다. 2012년부터 지금까지 우리는 우리의 질문에 답변한 회사 소유자들이 받은 제안을 추적해왔다.

그 기간 동안 매출이 최소 3백만 달러인 평균적인 한 회사가 세전 수익의 4.6배를 제안받았다.

그러므로 매출 5백만 달러에서 세전 수익 10%를 내는 전통적 기업은 2백 3십만 달러(5백만 달러×10%×4.6)의 가치가 있는 것을 기대한다.

이제 전통적 기업을 구독 서비스 회사의 가치와 비교해 보자. 기업 인수자는 건전한 구독 서비스 회사를 보면 앞으로 수년 동안 발생할 수익을 나타내는 연간 매출 흐름을 검토하게 된다. 예측 가능한 미래 수익의 흐름은 그녀가 전통 기업에 주려고 했던 것 이상의 커다란 프리미엄을 기꺼이 내놓으려 할 만큼 의미 있는 것이다. 프리미엄이 얼마나 될지는 그 산업에 달렸다. 오늘날에는 최고의 프리미엄 중 일부가 소프트웨어 산업의 회사로 향하고 있다.

나는 구독 기반 소프트웨어 회사의 가치 평가에서 어떤 일이 진행되는지 이해하기 위해 드미트리 부터린(Dmitry Buterin)과 이야기를 나눴다. 부터린은 와일드 애프리콧(Wild Apricot)이라는 구독 소프트웨어 회사를 경영하고 있다. 또한, 그는 중소 구독 서비스 회사의 창업자들이 모인 세계 최초의 지도자 그룹 중 하나를 결성하기도 했다. 이 그룹은 매달 만남을 가지며 구독 서비스 기업 운영 전략에 대해 논의하고 있다.

이 그룹의 회원들은 지속적으로 모금을 하거나 투자자를 알아보고 있었다. 그러므로 가치 평가는 그들의 대화에 많이 등장하는 주제였다. 부터린은 회원들에게 제안되는 공통된 가치 평가 범위가 월 순환 매출(MRR)의 24배에서 60배 사이에 있다는 것을 알게 되었다. 그리고 이것은 연 순환 매출(ARR)의 2배에서 5배에 해당하는 것이다.

나는 부터린의 숫자가 맞기를 바랐다. 그래서 구독 기반 소프트웨어 회사라는 세계에서 온 다른 전문가 제인 테런스(Zane Tarence)를 만났다. 테런스는 앨라배마 버밍엄에 있는 파운더스 인베스트먼트 뱅킹(Founders Investment Banking)의 파트너로 이 회사는 구독 비즈니스 모델을 사용하는 소프트웨어 회사를 판매하는 일을 전문으로 하고 있다. 테런스는 그가 본 가치 평가 범위를 다음 세 가지 중 하나에 해당하는 것으로 보고 있다.

24-48 × MRR(ARR의 2~4배)

이들은 연 매출 5백만 달러 미만의 전형적인 매우 작은 소프트웨어 회사들이다. 이 첫 번째 그룹에 속한 회사들은 구독 해지율 월 2~4%대로 대개 천천히 성장하고 있다.

48-72 × MRR(ARR의 4~6배)

이들은 연 매출 최소 5백만 달러의 좀 더 규모가 큰 소프트웨어 회사들로 해마다 25~50%의 성장을 하고 있다. 이들의 순해지율은 일반적으로 월 1.5% 미만이다.

72-96 × MRR(ARR의 6~8배)

이들은 해마다 50% 이상 초고속으로 성장하고 있는 소수의 소프트웨어 회사들로 연 매출 최소 5백만 달러에 해지율은 월 1% 미만이다. 이들 회사는 대개 고객들이 업무를 하는 데 필요한 솔루션(전형적으로 산업 특화된 솔루션)을 제공한다.

심지어 성장 속도가 느린 이미 성숙한 구독 비즈니스도 상당한 프리미엄을 받고 판매된다. 앤세스트리닷컴(Ancestry.com)의 운영 회사는 1983년에 사업을 시작해 1990년대 말에 닷컴으로 나이를 먹었다. 2012년 말, 앤세스트리닷컴은 가입자 2백만 명에 회사의 모든 사이트로부터 벌어들이는 연 매출이 전년도 대비 25% 늘어난 4억 8천 7백만 달러였다. 클라우드 기반 회사들의 가치 평가가 급속히 올라가기 전인 2012년 12월 28일, 앤세스트리닷컴은 이 회사의 월 순환 매출 약 4천5십만 달러의 39배인 16억 달러에 인수되었다.

이 소프트웨어 회사는 구독 서비스 매출의 이점을 보여주는 극단적인 예이다. 하지만 어떤 산업에 종사하든 회사에 순환 매출이 있다면 여러분은 그에 대한 프리미엄을 요구할 수 있을 것이다.

경보 시스템을 모니터링하고 매달 이에 대한 요금을 부과하는 보안 업체들은 그냥 시스템을 설치하기만 하는 보안 업체들보다 두 배의 가치가 있다. 리피터(Lipitor)나 로졸(Lozol) 같이 사람들이 매일 복용하는 약의 처방전 데이터를 보유한 소매약국은 고객들이 정기적으로 약을 타가며 반복해서 매출을 발생시키기 때문에 전통적인 소매약국에는 불가능한 프리미엄을 요구한다.

규모가 아주 작은 회사라도 구독 서비스 매출이 있으

면 가치가 더 크다. 우리는 셀러빌러티스코어닷컴(Sellabili-tyScore.com)에서 수행한 매출 규모 5십만 달러 미만의 소기업 분석에서 그들의 관심을 끈 평균 제안 금액이 세전 수익의 2.6배라는 사실을 알게 되었다. 이것을 평균 모스키토 스쿼드(Mosquito Squad) 가맹점과 비교해보자.

모스키토 스쿼드는 버지니아 리치몬드에 있는 회사로 뒷마당에 환경 보호국에서 승인한 화학적 화합물을 정기적으로 분사해 테라스에서 벌레를 쫓아주는 서비스를 제공한다. 모스키토 스쿼드 프랜차이즈는 자신의 뒷마당에서 놀면서 모기를 피하고 싶은, 평균 가격 50만 달러가 넘는 주택을 소유한 부유한 집주인들을 타깃으로 한다.

모스키토 스쿼드는 필요할 때마다 전화를 걸게 하는 대신, 가입 기반으로 서비스를 운영한다. 고객이 분사 시즌에 서비스에 가입하면 사는 곳에 벌레가 얼마나 많은지에 따라 8회에서 12회 분사 서비스를 받는다.

모스키토 스쿼드는 가맹점 사업이다. 그리고 이 회사의

순환 매출 모델이 회사 가치에 미치는 영향은 놀랄 만큼 크다. 모스키토 스쿼드의 모회사인 아웃도어 리빙 브랜즈(Outdoor Living Brands)의 회장 스코트 지드(Scotte Zide)에 따르면 최근 5년 간 주인이 바뀐 모스키토 스쿼드 프랜차이즈의 매출은 463,223달러였으며 세전 수익의 3.7배에 인수되었다. 이는 매출 5십만 달러 미만인 회사의 전통적 가치 대비 42%의 프리미엄을 받은 것이다. 이는 주로 순환 가입 모델을 운영하는 모스키토 스쿼드의 고객 중 73%가 매년 분사 계약을 갱신하고 있기 때문이다.

2. 매출 29달러 vs. 매출 4,524달러

구독 서비스 모델의 가장 분명한 이점은 고객의 생애 가치를 증가시킨다는 것이다. 여러분이 고객에게 구독 서비스를 하나 판매하면 그 판매 한 건이 순환 매출이라는 마술 덕분에 장기적 관계를 만들 수 있다.

전형적인 꽃집의 예를 들어보자. 많은 전통적 기업들처

럼 일반 꽃집도 아무런 매출 없이 한 달을 시작한다. 그래서 그들은 끊임없이 수요를 만들어 낼 방법을 찾아야만 한다. 그들은 결혼기념일을 맞은 여러분의 이목을 끌기 위해 목이 좋은 곳에 가게를 내고 비싼 임대료를 낸다. 그들은 어머니의 날이나 밸런타인데이 같은 중요한 기념일이 다가오면 사람들이 아래 동네 남자가 아닌 자기한테서 꽃을 사도록 광고를 낸다. 만일 기념일에 얼마나 많은 손님이 오게 될지 제대로 예측하지 못하면 재고로 들여놓은 꽃들은 1주일 만에 시들어 버린다.

이 모델을 창업자 브라이언 버크하트(Bryan Burkhart)와 소누 판다(Sonu Panda)가 '꽃집 업계의 넷플릭스'가 되고 싶다고 한 H. 블룸(H. Bloom)과 비교해 보자.

H. 블룸은 호텔이나 음식점, 스파 등에 방금 꺾은 꽃을 공급한다. 매달 새로운 매출을 개발해야 하는 전통적인 꽃집과는 달리 이 회사는 가입을 통해 매주 또는 격주, 월별로 생화를 배달하는 서비스를 판매한다. H. 블룸은 잠재 고객들 앞에 실제로 존재해야 할 필요가 없기 때문에 맨해

튼의 목 좋은 자리에서 평당 2,000달러나 되는 가게 임대료를 내는 대신, 맨해튼 산업 지구 내에 있는 100년 된 건물 3층에서 평당 100달러도 안 되는 돈을 내고 있다.

전통적인 꽃집은 다시 볼 수 없을지도 모르는 고객에게 꽃 한 다발을 한 번 팔고 말지만, H. 블룸은 구독을 통해 같은 호텔에 기본 29달러짜리 꽃 한 다발을 매주 배달한다. H. 블룸이 29달러짜리 구독 서비스를 하나 판매하고 3년 동안 그 구독자를 만족시킨다면(이 회사의 월 해지율은 2% 미만이다.) 4,524달러(29달러×156주)의 가치가 있는 고객이 하나 생기는 결과가 생길 것이다.

3. 수요 고르게 하기

전통적인 기업에 가장 어려운 문제 중 하나는 수요 예측이다. 너무 높게 잡으면 현금 부족 사태와 함께 창고가 재고로 넘치는 문제가 생긴다. 낮게 잡으면 재고가 부족해 판매 기회를 놓치며 고객들을 실망시키게 된다. 재고가 변질되기 쉬운 것이 아닌 회사라도 수요가 들쑥날쑥하면 영향을 받는다. 직원을 고용하는 회사들은 모두 수요가 얼마나 될지 예측하고 그에 따른 인력 계획을 짜야 한다. 사람과 관련된 비즈니스에서 수요를 낮게 예측하면 직원들은 번아웃되고, 서비스 품질은 나빠지며, 결국 브랜드 이미지가 훼손된다. 직원을 너무 많이 고용하면 직원들은 언제 해고 사태가 벌어질지 수군거리면서 시간을 때우고, 벤치에 앉아 노닥거리는 사람들에게 급여를 지급하느라 회사 수익은 곤두박질칠 것이다.

이와 달리 구독 비즈니스 모델에서는 수요가 균일하기 때문에 사업 계획을 효과적으로 세울 수 있다. 다음 달 예상 고객 수를 몇 퍼센트 포인트 내로 정확히 알면 그에 적합한 직원의 수와 적절한 공급량을 파악하는 데 도움이 된다. 노동력과 원재료를 최적화하는 것은 비용을 줄이는 것, 그래서 여러분의 혈압이 낮아지는 것을 의미한다.

예를 들어, 여러분의 점포 중심의 가게는 꽃의 30%에서 50%가 시들어서 폐기 처분해야 한다. H. 블룸의 폐기율은 고작 월 2%밖에 안 된다.

몇 자릿수 퍼센트로 다음 달 예상 매출액을 알게 되면 생기는 이점을 상상해보라. 그러면 여러분은 원재료를 그에 맞춰 적절히 구매하고 필요한 직원 수를 정확하게 계획할 수 있게 된다.

4. 공짜 시장 조사

고객이 다음에 여러분에게서 받고 싶은 서비스가 무엇인지 알고 싶지 않은가? 그들이 얼마를 지불할 용의가 있으며 주장하는 특징은 무엇인가? 여러분은 통계적으로 유효한 전화 조사나 만 명이나 되는 포커스 그룹 인터뷰 같이 십만 달러나 되는 수수료를 내야 하는 전통적인 길을 갈 수도 있다. 그렇지 않고 시장 조사를 하는 대신 당신은 구독 서비스를 시작하고 시장 조사를 하면서 돈을 벌 수 있다.

구독 비즈니스를 하면 고객들과 직접적인 관계를 가질

수 있으며 실시간으로 그들의 선호도를 알 수 있게 된다. 이것이 월마트가 구디스 co.를 시작하고 넷플릭스가 다음에 어떤 TV 시리즈를 제작하거나 구매해야 할지 알게 되는 방법이다.

조 크리사라(Joe Crisara)가 경영하는 구독 기반의 콘트랙터셀링닷컴(ContractorSelling.com)을 한번 보자. 여러분이 월 89달러의 구독료를 내고 가입하면 계약 비즈니스를 성공적으로 운영할 수 있는 방법에 대한 정보와 팁, 조언을 받을 수 있다. 배관공과 전기기술자들은 크리사라의 통찰을 얻기 위해 콘트렉터셀링닷컴에 가입한다. 그리고 그들은 작성된 글을 읽고 포럼에 의견을 제시하기 때문에 크리사라는 가입자들이 무엇을 생각하고 있는지 알 수 있다.

크리사라도 콘퍼런스에서 돈을 벌기 때문에 그것이 중요하다. 회원들 사이에서 어떤 글이 인기가 많고 논란이 많은지 알게 되면 현장 행사를 위한 연사와 주제를 정하는 데 도움을 줄 통찰력이 생길 수 있다.

컨시어스 박스(Conscious Box)는 월 20불에 매월 엄선한 자연적이고 GMO 원료가 들어가지 않은 제품을 배달해 직접 경험해 보도록 한다. 컨시어스 박스는 그 독자에게 상자를 보낼 때마다 제품에 대한 의견을 물어본다. 그리고 의견을 보내준 사람들에게는 보상을 준다. 제품 리뷰마다 10포인트를 주고 100포인트가 되면 구독자에게 컨시어스 박스의 온라인 상점에서 사용할 수 있는 1달러가 주어진다.

그런 다음 컨시어스 박스는 견본품 제조업자들에게 마케터들이 컨시어스 박스의 구독자들이 각각의 제품을 어떻게 평가했는지를 볼 수 있는 맞춤 온라인 포털을 제공한다. 컨시어스 박스의 CEO 패트릭 켈리(Patrick Kelly)는 내게 5%에서 20%의 구독자들이 샘플을 평가하며 컨시어스 박스와 파트너들에게 중요한 고객 의견을 제공하고 있다고 말했다.

컨시어스 박스는 자신의 온라인 상점에서 판매할 물건을 선별하고 고객들이 가장 좋아하는 제품을 눈에 잘 띄게 배치하는 데 이 데이터를 사용한다(컨시어스 박스 매출은 10%가 온라인 상점 판매에서 발생한다. 켈리는 사업의 이러한 측면을 성장시키려 하고 있다.). 제품 제조업자들은 초기 사용자들인 친환경주의적인 소비자들로 구성된 켈리의 패널에서 통찰력을 얻어 회사의 다른 채널을 통해 판매할 제품을 선택한다. 포커스 그룹이 필요하지 않은 것이다.

5. 자동으로 돈 받기

고객들이 신용카드로 회비를 낸다고 생각하면 구독 서비스 모델은 여러분이 돈을 받을 것으로 예상하는 그 날에 돈을 받게 된다는 것을 의미한다. 청구서를 보내고 30일 또는 60일, 90일을 기다려야 대금을 지불받는 B2B 사업을 하는 회사의 전형적인 대금 지불 사이클과 이를 비교해 보라.

스튜어트 헌트 & 어소시에이츠(Stuart Hunt & Associates)는 에드몬톤에서 방사능 폐기물을 안전하게 폐기하는 일을 하는 회사다. 이 비즈니스의 일부분은 거대 원자력 플랜트와 광산 현장을 대규모로 청소하는 작업에서 발생한다. 이 대형 프로젝트의 현금 흐름 사이클은 매우 끔찍하다. 스튜어트 헌트 & 어소시에이츠는 거대 광산 회사로부터 구매 주문을 받는다. 그리고 그 주문으로 프로젝트를 시작한다. 일단 작업이 끝나면 회사는 청구서를 발송한다. 그리고 통상 120일을 기다려야 대금을 받을 수 있다. 그 동안 회사는 계속 인건비를 지급해야 하고 사무실에 불을 켜야 한다. 그리고 이 모든 것은 회사 대표에게 현금 흐름 압박으로 다가온다.

이 사업의 다른 부분은 여러 종류의 조직에서 매일 사용하는 소형기기에 방사능 선원을 공급하는 데서 나온다. 시계를 벗지 않고 공항에서 엑스레이 기계를 통과하면 보안요원이 손에 들고 여러분을 저지하는 작은 곤봉을 본 적이 있지 않은가? 곤봉 안에는 작은 방사능 선원이 들어 있다. 그리고 방사능이 수색당하는 여행자에게 누출되지 않도록 하기 위해 스튜어트 헌트 & 어소시에이츠와 같은 회사가 1년에 한 번 기기를 점검해야 한다.

스튜어트 헌트 & 어소시에이츠는 매년 방사능 기기를 수천 개 점검한다. 최근까지 이 회사는 작업할 때마다 대개 100달러 정도 되는 소액 청구서를 발송했다. 어떤 고객들은 제때 대금을 지불하지만 대부분은 30일 정도 되는 시점에 후속 전화를 걸어야 한다. 어떤 고객들은 60일 즈음 두 번째 독촉을 해야 한다. 그리고 대금을 떼먹으려는 몇몇 고객은 받기를 포기해야 하는 경우가 매년 항상 있었다. 연 매출 6백만 달러짜리 이 회사는 자잘한 업무들 때문에 정규직 경리직원을 2명이나 두어야 했다. 그리고 그중 한 명은 미수금을 회수하는 데 대부분의 시간을 보냈다.

이때 창업자 스튜어트 헌트(Stuart Hunt)의 아들이자 현 회장인 션 헌트(Sean Hunt)에게 다음과 같은 좋은 생각이 났다. 소규모 고객들은 1년에 한 번 신용카드로 대금을 청구하는 순환 가입 모델을 도입하는 건 어떨까? 고객들은 모두 매년 방사능 선원을 점검해야 한다. 그래서 스튜어트 헌트 & 어소시에이츠는 고객들에게 기기를 보내라고 알려주는 가입 서비스를 제공해 실제로 고객들의 삶을 단순화해주고 대금도 더 빨리 받고 있던 터였다. 이제 고객들은 매년 기기를 점검하기 전에 청구서를 받는다. 이로 인해 회사의 현금 흐름이 개선되었고 100달러를 받자고 돈을 떼어먹으려는 고객들을 찾아다닐 필요도 없어졌다.

전통적인 회사에서는 원료를 구매하여 이런저런 제품을 만들고, 그 제품을 판매한 다음 대금을 받는다. 필요한 물건을 구매하여 제품을 만들고 실제로 돈을 받는 데까지 몇 달, 심지어 몇 년이 걸릴 수도 있다. 구독 비즈니스에서는 이 구식 모델이 확 바뀐다. 이제 고객들은 가입을 하고 먼저 돈을 낸다(아마존 프라임의 경우에는 1년 내내 서비스를 받기 위해).

6. 고객들이 떨어져 나가지 않게 하기

여러분이 하루에 사료를 2그릇 가득 먹는 45kg짜리 피레니언 마운틴 독을 키우고 있다고 상상해보자. 삶의 반려자를 먹여 살리는 데는 돈이 많이 든다. 그래서 여러분은 항상 개 사료를 싸게 파는 데가 없는지 찾아보아야 한다. 여러분은 2주에 한 번 동네 반려동물용품 상점으로 걸어가 개 사료 한 상자를 사서 카트에 싣고 집에 온다. 만약 동네 식료품점에서 개 사료를 할인판매하거나 다른 가게의 1+1 행사 쿠폰이 있으면 그것을 이용해 개 사료를 사기도 한다.

마침내 여러분은 사료가 간당간당할 때 조급한 마음으로 상점에 가는 데 지치게 된다. 그래서 바텀리스 보울(Bottomless Bowl)이라는 구독 서비스를 제공하는 영국 워릭셔의 펫샵보울닷컴(PetShopBowl.com)에 가입한다. 이제 여러분은 2주마다 개 사료가 배송된다는 것을 알고 있다. 그러니 개 사료 광고 전단지를 훑어보던 뇌의 한 부분은 일을 멈춘다. 이제 매주 자동으로 사료가 배송되기 때문에 무거운 개 사료 상자를 카트에 싣고 집으로 올 필요도 없다.

가입자들은 자동으로 연속해서 제공되는 서비스의 편리함이 앞으로 가져야 할 충성심의 대가라는 것을 잘 알고 계약에 임한다. 오히려 구독자들은 한 번 구매하고 되돌아오지 않는 대신 떠나지 않고 머문다. 바라건대 여러 해 동안.

7. 구독자들이 더 많이 산다

고객들이 여러분이 제공하는 구독 서비스의 혜택을 누리기 때문에 구독 비즈니스 모델은 여러분에게 고객들과 정기적으로 대화할 수 있는 기회를 준다. 이것은 여러분에게 기본 구독 서비스 이외에 다른 제품과 서비스를 고객들에게 판매할 수 있는 기회가 생긴다는 것을 의미한다.

버치박스의 이야기를 예로 들어보자. 이 회사는 재활용 재료로 아름답게 포장된 상자에 코스메틱과 스킨케어 견본품을 담아 현관 앞에 배달하는 월 10달러짜리 구독 서비스를 제공한다. 버치박스는 구매한 로션 본품이 자신의 피부 타입에 맞지 않는다는 것을 알게 되는 대신 고객들이(버치박스 프로그램에는 여성용과 남성용이 있다.) 거금을 들여 대용량 제품을 사기 전에 새로운 제품을 발견할 수 있도록 도와준다.

2013년 8월부터 버치박스의 창업자 카티아 보샹(Katia Beauchamp)과 헤일리 바나(Haley Barna)는 가입자를 40만 명까지 유치하며 빠르게 성장하고 있었다. 만약 여러분이 집에서 계산을 해보면 그로 인해 거의 5천만 달러나 되는 구독자 매출이 발생한다는 사실을 알게 될 것이다. 30대 커플이 운영하는 신생 스타트업 치고는 나쁘지 않은 숫자다.

하지만 버치박스, 그리고 그들에게 대부분의 견본품을 무료로 제공하는 화장품 회사들에 있어 진짜로 돈이 되는 것은 구독자들이 본품으로 전환하는 데 있다. 현재 버치박스 가입자의 절반 이상이 자신이 써본 제품의 본품을 버치박스 온라인 사이트에서 구매하고 있다.

H. 블룸의 경우 구독자들이 매월 내는 10달러당 특별한 날 자신의 주문 내용에 다른 제품을 추가하는 구독자의 1회성 주문으로 발생하는 3달러를 추가해 벌어들인다.

구독 서비스를 시작하기 위해서 비즈니스 모델 전체를 내던질 필요는 없다. 여러분은 구독 서비스를 추가함으로써 매달 회사와 소통하는 아주 많은 고객을 새로 얻을 수 있다. 그리고 고객과 만나는 모든 접점에서 기존 고객에게 더 많은 것을 판매할 수 있는 또 다른 기회를 찾을 수 있다.

8. 경기 침체에도 끄떡없는 비즈니스

순환 매출의 안정적 흐름을 만들어내면 여러분은 앞으로 있을지도 모르는 최악의 경기 침체에서 자신을 구할 수 있다.

뉴욕을 기반으로 하는 트라이스테이트 엘리베이터 Co.(Tri-State Elevator Co.)라는 회사를 예로 들어보자. 이 회사는 엘리베이터 설치로 사업을 시작했다. 이 분야는 엘리베이터 비즈니스에서 상당히 매력적인 부분이다. 번쩍번쩍 빛나는 새 건물이 뉴욕 5번가에 들어서면 이 도시의 엘리베이터 회사들은 모두 그 공사를 맡고 싶어 한다.

대부분의 경우 트라이스테이트는 신축 건물에 엘리베이

터를 설치하기 위해 입찰에 응하지만 설치 부서까지 두고 있는 오티스(Ottis) 같이 규모가 더 큰 회사나 제조업체한테 지고 만다. 설사 신축 건물 엘리베이터 설치 프로젝트를 따내더라도 회사는 일이 지연돼 골머리를 앓는 일이 많다. 대규모 건설 공사에는 알 수 없는 비용이 따라다닌다. 그리고 트라이스테이트가 공사 비용을 얼마나 잘 예상할 수 있느냐와 상관없이 신규 설치 프로젝트는 많은 경우 손해를 보는 것으로 끝이 났다. 설치 작업의 총 이익은 15%로 '높을 때'부터 25% 손실이 생기는 경우까지 범위가 다양했다.

그러던 중 트라이스테이트가 비즈니스 모델을 바꾸기로 했다. 상업용 건물에 새 엘리베이터를 설치하는 데 치중하는 대신 1천만 달러에서 1억 달러짜리 고급 부동산과 아파트, 타운하우스에 엘리베이터를 설치한 뉴욕에서 가장 돈 많은 사람들의 기존 엘리베이터를 '유지보수'하는 데 중점을 두기로 한 것이다. 요즘 트라이스테이트는 억만장자들의 엘리베이터를 관리하는 사업으로 24%에서 40%의 총 이익을 내고 있다.

트라이스테이트의 고정적 월 구독자를 찾으려면 맨해튼의 300평짜리 펜트하우스 전용 엘리베이터를 주시하라고 할 수 있다. 이 회사는 여러분의 엘리베이터를 정기적으로 점감해 필요한 부품을 교체하고 엘리베이터에 문제가 생기면 1년 중 언제나 서비스 직원을 보내줄 것이다.

이제 트라이스테이트는 수익성이 좋은 유지보수 계약을 통해 월 7만 달러라는 안정적인 현금 흐름을 보유하게 되었다. 이 금액은 이 회사의 월 매출의 약 3분의 1을 차지한다. 트라이스테이트는 이렇게 안정적인 사업 흐름 덕분에 2008년 금융 위기를 잘 버텨냈다. 경기 침체가 심각했던 당시, 뉴욕에서는 사실상 모든 건물의 신축이 중단되었다. 그리고 2012년이 되어서야 대규모 건물 신축이 다시 시작되었다. 트라이스테이트가 계속 번쩍이는 신축 건물만 찾아다녔다면 이 회사는 아마 살아남지 못했을 것이다. 수익성이 좋은 유지보수 순환 매출로 이 회사는 최악의 경기 침체 속에서도 사업을 이어갈 수 있었던 것이다.

구독 서비스 모델 채택의 걸림돌

엄밀히 말해 구독 서비스 모델로 전환하면 불리한 점도 있다. 가장 큰 위험 요소는 고객에서 받는 현금이 고객의 가입 기간에 동안 나뉘어 들어온다는 것이다. 이것은 대개 고객이 시간이 지나면서 여러분에게 점점 더 큰 가치를 지니게 된다는 것을 의미한다. 하지만 단기적 관점에서 보면 고객이 물건을 사지 않고 구독하기로 결정하는 그 시점에는 현금이 덜 들어올 수도 있다는 점이다. 나중에 알게 되겠지만 이러한 위험을 최소화하고 구독 비즈니스를 돈 먹는 하마가 아니라 돈 나오는 수도꼭지로 만들 방법은 여러 가지가 있다.

구독 서비스 모델로 이행하는 데 있어 다음으로 큰 문제는 여러분의 직원들을 참여시키는 것이다. 창업자들은 대부분 주주에게 확실히 이익이 되는 비즈니스 모델을 신속하게 채택하지만, 직원들은 종종 새로운 방식으로 일을 하는 데 관심이 덜 하다.

직원들은 종종 자신을 특정 산업 분야의 전문지식을 가진, 그리고 그 전문성을 당분간 여러분에게 빌려주고 있는 전문가로 여기곤 한다. 그들은 먼저 자기를 한 산업의 일부로 보고 그다음으로 자신이 직원이라고 생각한다. 그들은 동종업계의 다른 회사에서 더 나은 제안을 하면 그것을 수락하고 떠날 수도 있다. 이러한 직원들은 자신이 속한 산업의 사업 방식을 고수하는 것이 자신의 시장 가치를 강화하는 것이기 때문에 해당 산업에 대한 전통적 정의를 고수하려고 한다.

나는 이것을 어렵게 깨달았다. 나는 경험 많은 전문가들을 많이 고용해 경영 컨설팅 회사를 경영한 적이 있다. 우리는 스티브라는 시니어 컨설턴트를 다른 브랜드 네임 컨설팅 회사에서 힘들게 영입했다. 스티브는 이름 난 컨설팅 회사와 몇 가지 일을 성공적으로 마치고 컨설팅 업계에 떠오르는 별이 되어 항상 헤드헌팅 대상이 되고 있었다.

그 무렵 나는 우리 컨설팅 회사를 구독 기반 리서치 회사로 바꾸기로 결정했다. 우리는 특수한 서비스를 표준화하고 가입을 통해 표준 서비스를 제공하기 위해 따라야 할 몇 가지 핵심 방법론을 개발하기로 했다.

스티브는 우리가 맥도날드 체인점 같은 시스템 문화를 만들고 있었기 때문에 비즈니스 모델을 표준화하면 우리 회사가 '맥컨설팅'으로 바뀌게 될 것이라 생각했다. 그는 복잡한 컨설팅을 하면서 보람을 느꼈다. 그리고 컨설턴트로서 자신의 시장 가치를 고객의 아주 특수한 문제를 풀 수 있는 데 두고 있었다.

우리는 그에게 월급을 주었지만, 스티브는 프리랜서처럼 자신을 우리에게 그냥 대여해 주고 있다고 생각했다. 스티브는 회사가 아닌 스티브 자신에게 최선인 것을 원했다. 결과적으로 그는 구독 서비스 모델로 가려는 결정에 저항했다. 그는 회의 중 큰 목소리로 결정을 비판했고 회사와 의견을 함께 하는 후배 컨설턴트에게 회사가 구독 서비스 모델로 전환하면 경력에 해가 될 것이라며 그들을 설득했다.

결국, 우리는 스티브와 헤어졌다. 그 이후로 나는 이와 유사하게 회사 내부에 구독 서비스 모델로 전환하는 데 가장 큰 걸림돌이 존재하는 경우를 많이 보았다. 이것은 업계에서 널리 받아들여지고 있는 통상적인 일처리 방식을 고수하면 여러분이 가장 조건 좋은 회사에서 일하려는 자유 계약 직원의 인질이 될 수도 있다는 것을 의미한다.

여러분은 구독 서비스 모델로 이행하는 것이 회사가 아니라 업계에 더 크게 충성하는 직원이라는 잡초를 제거하는 것이라는 사실을 알게 될지도 모른다. 정리 과정이 단기적으로는 고통스러울 수도 있지만 장기적 관점에서 이런 직원들이 없어져야 회사가 더 잘 되지 않겠는가?

여러분은 이제 구독 서비스를 구축하려던 내 비즈니스 사례를 보았다. 여러분이 전체 비즈니스 모델을 다시 생각해볼 계획이든 그냥 주된 사업과 연계해 소규모 연금 성매출 흐름을 추가하려는 계획이든 구독 서비스로 다음과 같은 혜택을 볼 수 있다.

- 회사 가치가 올라간다
- 고객의 생애 가치가 높아진다
- 수요가 일정하게 유지된다
- 고객 시장 조사 비용이 절감된다
- 미수금 수금이 자동화된다
- 왔다갔다 마음이 바뀌는 고객(이들은 항상 더 나은 조건을 찾고 있으며 작은 가격 차이에도 다른 회사로 옮길 수 있다.)을 붙잡아 둘 수 있다
- 고객이 여러분의 다양한 상품과 서비스를 구매하게 된다
- 혹독한 경기 침체에 대비할 수 있다

이제 여러분의 구독 서비스 모델을 찾을 준비가 되었는 가? 다음 장에서는 여러분의 비즈니스에는 어떤 구독 비 즈니스 모델이 가장 좋을지 결정할 수 있도록 구독 서비스 모델 9가지에 대해 알아볼 것이다.

구독경제 마케팅

제2부

이 책의 2부는 9개 장으로 나뉘며 기본적인 구독 비즈니스 모델 9가지를 설명한다. 나의 목표는 음식점에서 주택 건축자, 댄스 스튜디오 사장, 심리상담사 등 모든 산업에서 시장 사정에 정통한 기업들이 구독 서비스 모델에 투자에 순환 매출 흐름을 만들고 있는 사례를 보여주는 것이다.

모든 사례가 즉각적으로 여러분의 산업과 관련 있는 것처럼 보이지는 않을 것이다. 매우 흥미롭고 수익성이 좋은 구독 회사 중 일부는 다양한 산업이나 비즈니스 모델로부터 아이디어를 빌려오기도 한다. 여러분이 이 부분을 읽으면서 다음과 같은 질문을 하길 바란다. '이 모델이 내가 속한 업계에서는 어떻게 적용될 수 있을까' 그리고 '이 모델의 어떤 부분이 우리 회사에 맞을까?'

구독 서비스 모델이 시작된 분야인 정보 판매 분야에서 시작해보자.

회원제 웹사이트 모델

여러분이 특정 분야에 대한 전문적 지식이나 열정을 가지고 있다면 잘 알려져 있지 않더라도 그 지식에 접근하기 위해 기꺼이 비용을 지불하려는 사람들이 있을 수 있다. 회원제 웹사이트 구독 모델에는 회원들에게 여러분의 비밀에 접근할 수 있는 권한을 구매하라고 요구하는 유료화의 벽 뒤에 자신의 노하우를 게재하는 것이 포함된다.

연 129달러를 내면 마크 스파구놀로(Marc Spagunolo)가 만든 회원제 웹사이트인 우드 위스퍼러 길드(Wood Whisperer Guild)에 가입할 수 있다. 그는 취미로 가구를 만드는 사람과 열렬한 지지자 수천 명과 목세공 관련 지식을 공유하고 있다. 회원제 웹사이트를 통해 특화된 지식을 공유하는 것은 비교적 최근에 일어난 현상으로 기술 발전에 의해 가능해졌다. 그리고 대중들이 현재 어떤 방식으로 정보의 가치를 평가하는지 보여주는 증거이기도 하다.

기술 히피들이 누구나 정보에 접근할 수 있어야 한다고 생각하던 시기가 있었다. 스튜어트 브랜드(Stewart Brand)는 1984년 해커스 콘퍼런스(Hackers Conference)에서 연설을 하면서 '정보는 자유로워지기를 바란다'는 말을 반복해 사용했다. 브랜드의 인용구는 전체 맥락과는 크게 다른 것이었지만 온라인 정보 무료화를 위해 싸우는 말 많은 소규모 기술 행동주의자들에게는 하나의 슬로건이 되기 충분했다.

이들은 정보는 기본적 권리라고 믿으며 누군가 온라인 콘텐츠에 요금을 부과하겠다고 위협하는 순간 온라인 청원을 시작할 사람들이었다. 가장 공개적인 태형은 2011년 대중 서비스로 여겨져 왔던 콘텐츠에 대한 접근을 유료화하기로 했던 뉴욕 타임스에 내려졌다.

정보를 무료화의 문제점은 정보를 팔았을 때 주어지는

경제적인 보상이 없으면 콘텐츠의 품질이 매우 나빠진다는 것이다. 우리들 대부분은 이성적으로 사고하므로 식당에서 밥을 먹거나 극장에 가거나 질 높은 제품을 생산하는 데 돈이 든다는 사실을 이해한다. 그리고 점점 더 온라인 콘텐츠에 돈을 기꺼이 쓰려하고 있다. 월스트리트 저널과 뉴욕 타임스, 파이낸셜 타임스와 같은 수준 높은 뉴스 회사들은 모두 수십만 명의 유료 온라인 가입자들 보유하고 있으며 우리는 더 이상 훌륭한 온라인 콘텐츠를 무료로 볼 수 있다고 항상 기대하지 않는다.

사실 정보에 기꺼이 돈을 내겠다는 새롭게 발견된 우리의 의사가 가내 공업 회원제 웹사이트가 생기는 결과를 낳은 셈이다. 회원들에게는 글, 동영상, 웹 세미나, 특정 주제에 대한 포럼식 토론과 같은 독특한 콘텐츠를 이용할 수 있는 권한이 주어진다.

예를 들어, 드림 오브 이태리(Dream of Italy)는 이탈리아의 잘 알려진 길을 여행하는 데 대한 현지 정보를 원하는 사람들을 위한 사이트이다. 미국인 소유자 캐시 맥카비

(Kathy McCabe)는 성장하면서 매년 이탈리아에 있는 고향에 다녀왔다. 그리고 서비스업에 종사하는 현지인들의 네트워크를 만들었다. 그녀는 현지 농부들, 음식점 주인, 부티크 호텔 운영자들과 친분을 쌓았다. 요즘 그녀는 최근 생겨난 이탈리아 여행 정보에 대한 현지 정보를 안정적으로 받아보기 위한 현지 네트워크를 만드는 데 투자하고 있다. 로마 최고 식당의 주방장이 바뀌거나 새로운 펜션이 토스카나에 문을 열면 캐시는 다른 사람보다 먼저 그것을 알게 된다. 그리고 그녀는 이 정보를 자신의 충성심 높은 구독자들에게 전달한다. 그들은 이탈리아의 잘 알려지지 않은 정보에 대한 현지 가이드로서 그녀를 신뢰하고 있다.

여러분이 시간에 따라 계속 바뀌는 매우 특화된 정보에 접근할 수 있다면 회원제 웹사이트 모델은 캐시의 경우처럼 여러분의 비즈니스에서도 효과가 있을 수 있다.

아무도 하지 않는 것을 당신은 알고 있는가?

여러분이 회사를 경영하는 독특한 접근법을 개발했거나

경쟁이 심한 산업에서 평균 이상의 수익을 낼 능력이 된다면 같은 업계의 다른 회사들은 여러분이 어떻게 그것을 해냈는지 궁금해 할 것이다. 재정적으로 가장 성공한 회원제 웹사이트는 회사 소유주들이 특정 산업이나 기술을 마스터하는 데 중점적으로 도움을 준다. 예를 들어, 레스토런트오너닷컴(RestaurantOwner.com)은 야망 있는 셰프들이 수익성 있는 음식점을 여는 데 도움을 준다. 그리고 콘트랙터셀링닷컴(ContractorSelling.com)은 배관공이나 전기 기사가 자기 회사를 설립하는 데 도움을 주고 있다.

멤버게이트(MemberGate)는 여러분이 회원제 웹사이트를 만드는 데 사용하는 소프트웨어 플랫폼이다. 나는 진정한 회원제 웹사이트 전문가이자 멤버게이트의 소유주인 팀 커버(Tim Kerber)와 대화를 나누었다. 그리고 왜 B2B 사이트가 재정적으로 가장 성공한 것처럼 보이는지 물어보았다. '생계에 관한 한 사람들은 훨씬 더 기꺼이 지갑에서 신용카드를 꺼내죠.'라고 그는 대답했다.

뉴햄프셔의 댄스스튜디오오너닷컴(DanceStudioOwner.

com)이라는 캐시 블레이크의 회원제 웹사이트를 예로 들어보자. 캐시 블레이크는 학생이 900명이나 되는 댄스 스튜디오를 40년간 운영해왔다. 그 동안 그녀는 댄스 티쳐(Dance Teacher)라는 잡지에 실리기도 했다. 그리고 지금은 보스턴 댄스 교사 클럽(Dance Teachers' Club of Boston)과 미국 댄스 협의회(National Dance Council of America) 회원들에게 인기 있는 조언자이기도 하다. 한 마디로 말해 캐시 블레이크는 댄스 스튜디오 운영에 관한 한 전국적으로 알려진 전문가다.

업계 리더로서 그녀는 크리스털 크루즈(Crystal Cruises)에 승선해 볼룸 댄스를 가르쳐 달라고 초청을 받았다. 캐시는 일을 잠시 멈추고 바다 한 가운데서 춤을 가르치려면 자신의 스튜디오를 원격으로 운영할 수 있는 방법을 찾아내야 했다. 자기가 없을 때에도 직원들이 일을 잘 처리할 수 있도록 캐시는 성공적으로 스튜디오를 운영하는 자신의 방식을 적어나가기 시작했다. 그래서 직원들은 캐시가 없어도 그녀의 방식대로 일을 할 수 있었다. 시간이 흐르면서 캐시가 적은 메모와 지침, 견본들이 쌓였고, 이는 댄스 스튜디오의 성공적 운영 방법에 대한 알기 쉬운 청사진으로 변모했다.

이때 캐시의 딸, 수잔 블레이크 게레티(Suzanne Blake Gerety)가 그들에게 소중한 자산이 생겼다는 것을 깨달았다. 수잔과 캐시는 회원제 웹사이트 구독 서비스 회사를 조사한 후 2008년에 댄스스튜디오오너닷컴을 시작하기로 결심했다. 그들은 가입자들에게 성공적인 댄스 스튜디오를 구축하는 데 대한 통찰력을 제공한다. 그리고 가입자들은 그들의 지혜를 얻기 위해 연회비 187달러를 지불한다.

2008년부터 2010년, 그들은 1달러만 내면 처음 21일 동안 서비스를 사용할 수 있는 창립 회원 가격을 제공했다. 그리고 21일이 지나면 고객들에게 97달러에 1년 동안 회원 자격을 유지하라고 요청했다. 2010년이 되자 수잔의 회원은 200명이 되었고 이때 그녀는 연회비를 187달러로 올려야 할 때가 왔다고 생각했다. 가격이 두 배가 되었는데도 사업은 계속 번창해 아이들이 학교로 돌아오는 가을이 되면 정점을 찍었다가 학년말이 되면 다시 곤두박질치는 전형적인 댄스 스튜디오의 반복되는 매출 변동을 상쇄하는 안정적인 매출 흐름을 안겨주었다.

2012년 여름, 수잔은 뉴욕 댄스 교사 회의에 참가자이자 강연자로 참여했다. 동료 참가자 중 레볼루션 댄스웨어(Revolution Dancewear)라는 대기업이 있었다. 레볼루션은 타이즈와 발레 슈즈, 그리고 댄서들이 공연할 때 필요한 다른 제품들을 만드는 회사로 댄스 스튜디오와 학교, 수잔과 캐시가 댄스스튜디오오너닷컴을 통해서 접촉하고 있는 공동체를 통해서만 제품을 판매한다.

수잔은 레볼루션의 마케팅 이사와 대화를 시작했다. 그들은 어떤 파트너 쉽이 가능할 지에 대해 의논했다. 행사가 끝난 후 수잔은 레볼루션 댄스웨어의 CEO 로브 리피트(Robb Lippitt)와 만남을 가졌다. 그들은 댄스 스튜디오 운영자들을 돕는다는 공통된 비전에 대해 논의했다. 그리고 회의를 마칠 때, 리피트가 댄스스튜디오닷컴을 인수하겠다는 제안을 했다.

3천 7백 2십만 달러의 매출을 기록하며 2013년에는 미국에서 가장 빠르게 성장하고 있는 5,000개 회사 목록에 이름을 올린 레볼루션 댄스웨어가 관심을 둔 것은 뉴햄프셔의 작은 댄스 스튜디오가 아니었다. 그들은 댄스스튜디오오너 닷컴이 매달 댄스 스튜디오 수천 곳과 나누는 대화에 참여하기 위해 댄스스튜디오오너닷컴을 사고 싶었던 것이다.

리피트는 2013년에 이 거래를 발표하면서 인수 사유를 다음과 같이 설명했다.

이번 인수를 통해 저희는 회사가 성장하고 사업에서 성공을 거두는 데 도움이 되는 뛰어난 온라인 리소스 센터를 고객에게 제공할 수 있게 되면서 사업을 해나가는 데 큰 힘을 얻게 되었습니다. 동시에 이번 인수를 통해 저희는 스튜디오 고객들이 날마다 직면하고 있는 사업상의 문제를 깊이 들여다 볼 수 있게 되었습니다. 이는 궁극적으로 고객들에게 더 나은 서비스를 제공할 수 있을 거라는 점을 의미합니다.

마치 아마존처럼, 레볼루션이 작은 규모의 구독 기반 회사를 인수한 목적은 일부분 그 회사가 보유하고 있는 고객에 대한 통찰을 얻는 데 있다. 그리고 여러분이 기존 비즈니스에 구독 상품을 추가해야 하는 다른 이유가 아직도 필요하다면 이 점을 생각해 보라. 캐시 블레이크는 댄스 스튜디오를 경영하면서 보낸 40년 동안 한 번도 인수 제안을 받은 적이 없었다는 사실을. 하지만 그녀가 구독 비즈니스를 구축하기 시작한 지 겨우 5년이 지난 후, 캐시와 수잔의 회원제 사이트는 댄스 어패럴 비즈니스계의 대기업 중 하나에 인수되었다.

회원을 현금화하기

종종 회원제 웹사이트는 더 큰 규모의 고가 상품을 판매하는 데 진입하는 수단으로 사용될 수 있다. 가입자를 더 대단한 고객으로 바꿀 수 있다는 사실에 대해 앤 홀랜드 (Anne Holland)처럼 잘 알고 있는 사람도 없다.

내가 그녀를 처음 알게 된 것은 그녀가 내 구독 기반 리서치 회사와 직접적인 경쟁 관계에 있던 마케팅셰르파 (MarketingSherpa)의 창립자이자 소유자였을 때다. 그녀의 회사가 2007년에 인수된 후, 그녀는 서브크립션 사이트 인사이더(Subscription Site Insider)라는 신생 정보 제공업자들에게 회원제 웹사이트를 구축하고 성공하는 방법에 대해 가르치는 것을 전문으로 하는 회사를 운영하고 있었다. 더 최근에 홀랜드는 위치테스트원닷컴(WhichTestWon.com)이라는 회사를 차렸는데, 이 회사는 주 단위로 규모가 큰 기업 고객들에게 디지털 마케팅 프로그램의 사례 분석을 제공한다.

수천 명의 가입자는 한 가지 작은 변수를 가지고 동일한 캠페인을 두 가지 버전(마케터들은 이것을 A/B 테스트라고 부른다.)으로 받아보게 된다. 위치테스트원 가입자들은 두 캠페인 중 어떤 것이 더 좋은 결과를 냈는지 추측함으로써 자신의 마케팅 지식을 테스트해본 다음 전체 사례 분석을 읽는다. 전체 사례 분석은 비용을 지불해야 볼 수 있다.

위치테스트원닷컴 가입자들은 분기당 25달러 또는 연간

75달러를 가입비로 낸다. 홀랜드를 인터뷰하면서 나는 가입비가 왜 그렇게 낮은지 물어보았다. '그건 의도적인 거예요. 우리는 될 수 있는 한 많은 유료 가입자를 모으기 위해 낮은 가격을 유지합니다. 돈을 내지 않는 고객을 이벤트에 오게 하는 것보다 유료 고객을 이벤트에 오게 하는 게 엄청나게 더 쉽거든요.'라고 그녀는 대답했다.

홀랜드는 이벤트를 통해 돈을 벌었다. 홀랜드는 일 년에 한 번 더 라이브 이벤트(The Live Event(TLE)) USA와 TLE 유럽을 개최한다. 미국 행사의 티켓은 소매가 1,895달러다. 2013년에는 500명이 넘는 사람들이 디지털 마케터들로부터 최신 정보를 얻기 위해 TLE USA에 참석했다. 홀랜드는 위임 수수료에 더해서 벤더들에게 전시와 행사 후원을 맡긴다. 위치테스트원닷컴을 통해 홀랜드는 가입자 사이에 신뢰와 믿음을 구축했다. 그들은 그녀로부터 가치 있는 것을 얻고 있다는 사실을 알고 있다. 그래서 행사에 참여하기 위해 가입비의 20배나 되는 금액을 기꺼이 지불한다.

위치테스트원에 대한 홀랜드의 비즈니스 모델은 마케터

들에게 사례 분석 자료(케이스 스터디)를 처음으로 공급했던 마케팅셰르파(MarketingSherpa)를 설립했고, 지금은 구독 및 회원제 사이트 운영자들의 바이블이 된 서브스크립션 사이트 인사이더(Insider)를 운영함으로써 그녀가 구독경제의 개척자로 보낸 수년의 세월에서 나온 것이다.

그녀가 작은 제품을 사는 고객을 확보하는 것의 힘을 더 큰 제품을 그들에게 파는 전조라고 배운 것은 마케팅셰르파였다. 마케팅셰르파는 사례 분석을 편당 7달러에 제공했다. '사람들은 모두 우리가 7달러에 사례 한 편을 팔면서 엄청난 돈을 번다고 생각했어요. 하지만 실상은 짧은 사례 분석 비즈니스는 우리 회사의 작은 부분에 지나지 않았죠.' 마케팅셰르파의 진정한 수익원은 콘퍼런스였다. 홀랜드는 7달러에 사례 분석을 주문한 적이 있는 사람들에게 전화를 거는 텔레마케터를 정규직으로 고용했다. 먼저 텔레마케터는 고객이 사례 분석을 받았는지 확인한 다음 같은 주제를 가진 라이브 이벤트에 그들을 초대했다. '우리는 7달러짜리 사례 분석을 샀던 사람에게 전화를 했다는 이유만으로 1,500달러짜리 콘퍼런스 티켓을 900달러에 파

는 성과를 냈죠.'

홀랜드는 심지어 최근 가입자가 된 고객들을 업그레이드시킬 이상적인 시기를 알아보기 위한 실험도 진행했다. 그녀는 내게 가장 높은 반응률은 항상 3개월 이전에 비슷한 것을 구매한 고객에게서 나온다고 알려줬다. 그 다음으로 좋은 것은 3개월 보다 더 이전에 여러분에게 물건을 구매한 사람들이다. 그 다음은 유사한 회사에서 최근에 물건을 구매한 사람들이다. 마지막은 가입자 또는 이메일 업데이트 수신에는 동의했지만 구매 이력은 없는 사람들이다. 홀랜드는 자신의 전략을 이렇게 설명했다. '1950년대부터 실시한 모든 리스트 테스트에서 지난 3개월 동안 유사한 물건을 구매한 고객들은 다른 누구보다도 수천 배 나은 고객으로 바뀌었어요.'

요약하자면, 회원제 웹사이트는 가입자와 상업적인 관계를 구축한다. 고객은 그 자체만으로도 수익이 나지만 웹사이트 운영자들은 대부분 구독 관계를 다른 제품을 교차 판매하기 위한 플랫폼으로 사용한다.

회원제 웹사이트 모델은
어떤 경우에 효과가 가장 좋은가

여러분이 다음의 경우에 해당된다면
회원제 웹사이트 모델을 고려해 보라.

- 열정적인 댄스 스튜디오 소유자 또는 이탈리아에 빠진 사람, 목공에 미친 사람들 같이 협소하게 정의된 니치 마켓이 있는 경우
- 특별한 지식을 안정적으로 공급받을 수 있거나 시간에 따라 변하는 구독자들이 놓치지 말아할 정보를 제공해 줄 내부 전문가가 있는 경우
- 구독자들에게 판매할 수 있는 또 다른 제품이나 서비스가 있는 경우

내부 관계자의 조언
- 수익성이 대단히 좋은 회원제 웹사이트는 '머스트 해브' 정보를 제공하고 가입자들의 장기적인 충성심이

요구되는 끊임없이 진화하는 포럼을 계속 관리하면서 지속적으로 실제 문제를 해결해주는 B2B 회사의 웹사이트이다.

- 크게 성공한 운영자는 가입자들의 정보 소비 선호도를 반영해 다양한 형식의 콘텐츠(예, 동영상 인터뷰와 팟캐스트, 문서 등)를 생산하고 사이트가 구글 검색 엔진에 더 많이 노출될 수 있도록 한다.

- 가입자에게서만 나오는 매출로는 먹고 살기 힘들 수 있다. 특히, 소비자 중심 사이트는 더욱 그러하다. 그래서 다른 방법으로 인접 상품이나 서비스(예, 콘퍼런스, 코칭, 교육)를 통해 가입자들로부터 수익을 창출하는 것이 회원제 웹사이트를 두고 중요한 비즈니스를 구축하는 가장 좋은 방법이다.

4장   Ⓢ 뷔페식 라이브러리 모델

음악 비즈니스와 같은 몇몇 산업은 기술 발전으로 인해 붕괴되었다. 애플이 사운드잼(SoundJam)이라는 MP3 플레이어 시스템을 인수했던 지난 2000년은 온라인 음악 유통에 있어 최초의 중요한 발전 중 하나가 이루어진 해다. 애플은 이 소프트웨어를 아이튠즈(iTunes)로 진화시켰다. 그리고 아이튠즈는 2001년 가을 첫 번째 아이팟(iPod)과 함께 등장했다.

2003년 애플은 아이튠즈 뮤직 스토어를 특징으로 하는 이 소프트웨어의 첫 번째 버전 아이튠즈 4를 시장에 내놓았다. 또한 아이튠즈 4는 PC 사용자들에게도 공개되어 마이크로소프트 윈도우즈에서도 사용할 수 있게 된 첫 번째 에디션이기도 했다. 애플의 공동창립자 스티브 잡스는 당시 한 연설에서 이렇게 말했다. '소비자들은 범죄자로 취급받고 싶지 않고 아티스트는 자신의 소중한 작품을 도둑 맞고 싶지 않죠. 아이튠즈 뮤직 스토어는 양측 모두에게 놀라운 해결책을 제공합니다.'

다음 6년에 걸쳐 아이튠즈는 인터넷 레코드샵이 되었다. 결국, 2009년에 미국 음반 판매량의 69%를 차지하면서 정점을 찍기도 했다. 하지만 그러한 시장 독점이 흔들리기 시작했다. 2013년 아이튠즈의 온라인 음악 시장 점유율은 계속 하락하기 시작했고 그 해를 약 63%를 기록하는 것으로 마감했다.

하지만 아이튠즈를 걱정하게 한 것은 음악 시장의 매출 하락이 아니다. 방심할 수 없는 더 커다란 위협은 소비자들이 더 이상 음악을 소유하고 싶어 하지 않는다는 것이다. 최근 우리는 스포티파이(Spotify)니 알디오(Rdio), 랩소디(Rhapsody)와 같은 회사에 가입해서 음악을 대여하게 되었다. 음반 레이블 EMI 뮤직의 전 디지털 부문장이었던 테드 코헨(Ted Cohen)은 블룸버그 비즈니스 위크(Bloomberg Businessweek)에 다음과 같이 말했다. '이건 더 이상 개별

트랙에 관한 게 아니라 접근 권한에 대한 겁니다. 음악을 99센트에 구매하는 게 시대에 뒤떨어진 개념이 돼가고 있다는 거죠.'

애플은 구독 기반 음악 서비스와 경쟁하기 위해 2013년 가을 아이튠즈 라디오(iTunes Radio)를 시작했다. 아이튠즈 라디오는 광고 후원을 받는 무료 서비스로 시작되었다(아이튠즈 매치(iTunes Match) 가입자들은 광고가 없는 버전이 제공됨). 온라인 음악의 스토리는 아직도 쓰이고 있다. 하지만 이 한 가지, 구독 모델이 영원히 이 서비스를 괴롭힐 것이라는 점은 확실하다.

여러분이 라이브러리 구독 모델에서 얻을 수 있는 것은 가치라는 창고에 대한 무제한 접근 권한이다. 다른 모든 도서관에서처럼 여러분은 거기 있는 정보를 모두 소비하지 않을 것이다. 하지만 제공되는 콘텐츠에 여러분이 좋아하는 것이 항상 포함되어 있으리라는 점은 확실하다. 이 비즈니스 모델은 단순하다. 제공자는 콘텐츠를 방대하게 골라 축적하고 소비자는 그것을 사용할 수 있는 권한을 빌리는 것이다.

구독 서비스 회사인 앤세스트리닷컴(Ancestry.com)을 예로 들어보자. 월 회비 약 20달러를 내면 여러분은 자신의 족보를 한꺼번에 볼 수 있다. 앤세스트리닷컴은 가입자들을 대신해 그들의 역사적인 정보를 모아 디지털화하는 데 크게 투자한다. 방대한 노력으로 앤세스트리닷컴은 3백만 달러를 들여 1607년 영국에서 건너와 처음 제임스타운에 정착한 사람들부터 1975년 베트남 전쟁이 끝날 때까지 9천만여 개의 미국 전쟁 기록을 찾아냈다. 이 수집된 대단히 소중한 자료에는 이미지 3천 7백만 개와 두 차례 세계대전의 징집 카드와 군사 연감, 네 차례 전쟁의 전쟁 포로 기록, 1893년에서 1958년까지 복무했던 해병대 부대원 명단, 시민 전쟁 연금 기록이 포함되어 있다.

기록을 업로드하는 데만 거의 1년이 걸렸고 속기사 1,500명의 도움이 필요했다. 속기사들은 문서를 검토하는 데 2십 7만 시간을 투자했다. 기록을 모으고 분석하고 디지털화하는 작업은 한 개인이 감당하기에는 너무 벅찬 것

이었지만 2백만 명이 넘는 앤세스트리의 유료 가입자들이
이것을 분담해 준 셈이다.

뷔페식 라이브러리 모델은 넷플릭스에는 좋은 결과를
냈지만 블록버스터(Blockboster) 같은 회사들을 휘청거리게
하면서 기존의 영화 대여 사업에 타격을 주었다. 다른 예
로는 게임플라이(GameFly)(비디오 게임)와 이리타(eReatah)로
처음 시작한 인타이틀(Entitle)과 오이스터(Oyster)(전자책),
그리고 린다닷컴(Linda.com)(사용안내 교육)을 들 수 있다.

자신의 뷔페 확보하기

유료 가입자 한 명을 유치하기 전에 방대한 콘텐츠를 만
들어야 하는 문제 때문에 여러분은 아마 이 뷔페식 라이브
러리 모델은 거대 미디어나 스타트업에 투자하는 벤처 캐
피탈에 가장 적합하다고 생각하고 싶을 수도 있다. 하지
만 창의성과 약간의 현금만 있어도 누구나 콘텐츠 라이브
러리를 모아 그것에 사용할 수 있는 권한을 빌려줄 수 있

다. 이것이 바로 캘리포니아 헌팅턴 비치의 뉴 마스터 아카데미(New Master Academy)에서 일어난 일이다.

2012년 당시, 28세의 아티스트 조슈아 자코보(Joshua Jacobo)는 제대로 된 미술 교육을 받는 데 드는 비용을 믿을 수가 없었다. 주요 대학교나 대학은 미술 학위를 주는 데 1만 달러에서 10만 달러까지 받고 있었다. '학생들은 엄청나게 큰돈을 내고 삼류 선생님에게서 배우고 있었어요.'라고 자코보는 내게 이렇게 말했다.

자코보는 제대로 된 미술 교육은 비용이 높은 데다 수강하는 데 지리적 제약을 크게 받는다고 말했다.

자코보는 실제 아티스트들이 이끄는 입문 과정 라이브러리를 한 데 모아 '미술 교육 민주화'를 시작했다. 수업들은 각각 뉴 마스터 아카데미 웹사이트에서 동영상을 통해 스트리밍되었다. 자코보는 모든 콘텐츠를 이용할 수 있는 권한에 월 19달러의 요금을 부과하는 것으로 시작했다(지금은 최고 29달러다.).

그에게는 오직 한 가지 문제가 있었다. 콘텐츠가 없다는 것이었다.

자코보는 자기 돈 7만 달러로 자신의 스타트업이 추진력을 얻을 수 있는 시간을 벌었다. 그리고 방대한 기존의 콘텐츠 라이브러리를 모을 돈이 충분하지 않아 개별 아티스트들을 초대해 함께 사이트를 구축했다. 아티스트들은 시간을 내 수업을 하고 자코보와 그의 직원들이 수업을 동영상으로 촬영해야 했다. 아티스트들은 사이트를 보는 가입자 수에 따라 수수료를 받았다. 지금은 뉴 마스터스 아카데미는 매출의 한 부분을 떼어내 상당히 많은 금액을 매달 강사들에게 떼어준다. 강사들은 업로드한 콘텐츠의 양에 따라 현금을 나눠 갖는다. 업로드한 강의 시간이 많을수록 받는 수수료가 더 커지는 것이다.

이렇게 혁신적인 방식으로 확보한 100시간 분량의 즉시 사용 가능한 동영상 콘텐츠를 가지고 자코보는 사이트를 시작했다. 2014년 초반 무렵 뉴 마스터스 아카데미의 가입자는 2,000명에 이르렀고 보유한 동영상 강의 분량은

350시간이 되었다. 이집트와 중국, 일본, 러시아, 미국을 비롯한 전 세계에서 자코보의 사이트에 가입했다. 그는 벤처 캐피탈로부터 현금을 얻기 위해 밖으로 돌아다니지 않고 회사를 만들어 운영한 지 첫 달부터 흑자가 나는 현금 흐름을 보유한 사이트로 만들었다.

회원제 웹사이트 모델처럼 뷔페식 라이브러리 모델에 가입자를 확보하는 가장 좋은 방법은 그들이 관심을 가진 콘텐츠를 공유하도록 초대한 다음 더 보려면 가입하라고 요청하는 것이다.

뉴 마스터스 아카데미 경우 자코보는 페이스북 팬 페이지를 시작했다. 그는 거기에 자신과 강사들의 작품을 무료로 올려 미술 애호가들이 활발하게 활동하는 커뮤니티를 구축했다. 8개월이 지나자 자코보에게 3만 명이라는 페이스북 팬이 생겼다. 그는 뉴 마스터스 아카데미를 시작하면서 재빨리 1,000명 이상의 페이스북 팬을 유료 가입자들로 전환시켰다.

출판 컨설팅업체 미쿼다 그룹(Mequoda Group), LLC의 CEO 돈 니콜라스(Don Nicholas)에 따르면 자코보의 경험은 흔한 일이다. 니콜라스는 몇 해 동안 유료 가입자를 확보하기 위해 상상할 수 있는 모든 판매 전략의 조합을 거의 다 시험해 보았다. 그리고 두 단계로 이루어진 성공적인 접근법을 발견했다. 첫째, 특정 방문객들을 웹사이트로 초대해 이메일 뉴스레터에 가입(혹은 페이스북 팬 페이지나 트위터 피드 등에 가입)하게 함으로써 회사와 관계를 맺게 한다. 그런 다음, 회사와 관계를 맺기로 한 사람들을 제품 구매 과정에서 유료 가입자로 전환시킨다.

미쿼다(Mequoda)는 매년 출판 산업의 전환 벤치마크를 추적한다. 2013년 이 조사 대상이던 일반 출판업자가 매달 특정 방문객의 3.2%를 무료 이메일 뉴스레터 가입자로 전환할 수 있었다. 출판업자들은 등록한 이메일 가입자들 중 3%에서 30% 사이를 일종의 유료 고객으로 전환시킬 수 있었다. 여러분이 어느 정도 규모를 전환시킬 수 있느냐를 결정하는 가장 큰 요인은 얼마나 많은 가입 서비스와 제품을 공급하느냐이다. 여러분이 가진 것이 유료 가입 서비스 한 개라면 전환 규모는 더 낮은 쪽일 확률이 크다. 반면 수많은 제품과 구독 서비스를 가능하게 하면, 더 많은 방문자가 가입자로 전환할 것이라 기대할 수 있다. 페이스북 팬의 약 3%를 유료 고객으로 전환시켰던 뉴 마스터 아카데미에서 자코보의 경험은 니콜라스의 정보 출판 범위의 정확히 낮은 쪽에 해당된다. 자코보가 뉴 마스터 아카데미의 제품군을 늘리면 그만큼 유료 고객으로 전환하는 페이스북 팬의 비율이 높아지는 것을 보게 될 가능성이 크다.

뷔페식 라이브러리 모델은
어떤 경우에 효과가 가장 좋은가

여러분이 다음의 경우라면
회원제 웹사이트 모델을 고려해 보라.

- 여러분에게 '언제나 변치 않고 신선한' 콘텐츠 또는 그것을 모을 수 있는 '돈'이 있는 경우다. 넷플릭스는 10만 편의 영화와 텔레비전 프로그램을 스트리밍 가입 서비스로 제공할 권리를 보유하고 있다. 특히 새로운 영화와 오리지널 콘텐츠들이 주기적으로 추가되기 때문에 노상 소파에 들러붙어 있는 10대들이라도 다 시청할 수 없을 정도로 전체 목록이 방대하다. 이것은 가입 서비스를 유지시킬 이유가 항상 존재하고 있다는 것을 의미한다.
- 이미 여러분의 무료 콘텐츠를 소비하고 있는 많은 수의 기존 팬(블로그 가입자, 트위터 팔로워, 링크드인 연결)을 보유한 경우

내부 관계자의 조언

- 성공적인 뷔페식 라이브러리 모델 운영자들은 회원제의 근간으로서 가입자들이 방대한 규모의 '오랫동안 새롭게 지속되는' 콘텐츠 라이브러리에 의존해 충성심을 유지할 수 있을 만큼 충분히 새로운 콘텐츠를 제공하는 서비스에 섞어 넣는다.

- 가입자들이 여러분의 라이브러리에서 가장 좋은 것만을 골라 쏙 빼가는 것을 방지하려면 그들에게 다음과 같이 최후통첩을 해야 할 수도 있다. '전체 라이브러리에 가입하세요. 그렇지 않으면 어떤 것도 사용할 수 없습니다.'

- 라이브러리를 확보하는 것은 닭이 먼저냐 달걀이 먼저냐와 같은 문제이다. 여러분에게 돈이 트럭으로 넘쳐나는 게 아니라면 콘텐츠 소유자와 동업을 할 창의적인 방법을 찾아 가입자들 끌어들일만큼 충분히 방대한 라이브러리를 구축해보라.

호주 멜버른의 어느 따뜻한 2월 아침 7시. 날씨가 더울 것이라는 일기 예보를 보고 주름 잡힌 반바지를 선택했는데 지금 클럽 규칙에 맞춰 허벅지 중간까지 양말을 끌어 올린 것이 남들의 시선을 끌 것 같은 기분이 든다.

여러분은 지금 대기 목록에 올라 10년을 보낸 후, 드디어 로열 멜버른 골프 클럽(RMGC)에 도착해 클럽의 고상한 분위기에 취해 있다. 이 골프 클럽은 오직 회원제로 운영되며 격식에 맞춰 옷을 입어야 한다. RMGC는 세계적 수준의 18홀 코스(세계 20대 골프코스로 자주 이름을 올린 호주 최고의 골프 코스) 두 개를 비롯한 환상적인 시설을 제공할 뿐 아니라 그저 골프 이상의 서비스를 제공함으로써 끊임없이 회원들을 유인한다. 회원 자격을 얻는 데 무려 10을 넘게 기다려 가입비로 수천 달러를 지불하고 여러분은 그저 멋진 골프의 미래를 구매한 것이 아니다. 여러분은 비공개 클럽에 들어갈 수 있는 기회를 산 것이다. 이것은 회비로 연간 3,500달러를 지불할 수 있는 다른 회원들과 어울릴 기회를 의미한다.

비공개 클럽 모델은 가입자들에게 흔하지 않은 것에 계속 접근할 수 있는 권한을 제공한다. 골프, 테니스, 스키, 요트를 생각해 보면 이 모델은 대개 배타적인 스포츠 클럽과 가장 많이 연결되어 있다. 그러나 다른 기업에 물건을 파는 기업이 사용하기도 한다. 비공개 클럽 모델의 가치 중 커다란 부분은 흔하지 않은 것에 접근하는 것 뿐 아니라, 여러분처럼 특정한 목적을 갖고 있는 사람들의 네트워크를 만날 기회이기도 하다.

무엇보다는 누가

조 폴리시(Joe Polish)의 이야기를 생각해보자. 폴리시는 하찮은 카펫 청소부로 일을 시작했다. 그는 성공적인 카펫 세탁 회사를 만드는 방법을 배운 다음, 배운 내용을 다른 카펫 세탁부들에게 가르치기 시작했다. 그는 나이팅게일 코난트(Nightingale Conant)의 마케팅을 배우고 싶어 하는 기업가를 위한 베스트셀러 교육 프로그램 중 하나인 피란하 마케팅 시스템(Piranha Marketing System): 진입한 시장을 장악하기 위한 일곱 가지 성공 증대 요소라는 오디오 CD 세트로 사업영역을 다른 모든 산업으로 확장했다.

조 폴리시는 현재 연 25,000달러를 투자하는 대가로 기업가와 작가, 혁신가들이 1년에 세 번 만나 생각을 공유할 수 있도록 하는 네트워크 조직인 지니어스 네트워크(Genius Network)를 운영하고 있다. '이것은 일종의 지식 네트워큽니다. 신뢰할 만한 지식을 가진 사람을 찾아 그것을 공유하는 곳이죠'라고 폴리시가 내게 말했다.

RMGC의 회원권을 사는 것처럼 지니어스 네트워크에 투자하는 것은 여러분이 두뇌의 이성적 부분과 감성적 부분을 모두 사용하여 내리는 결정이다. 포르셰 영업 사원이 말하는 것처럼 고가의 물건은 감정으로 구매되고 논리로 정당화된다.

폴리시는 의사 결정의 논리적인 측면을 위해 애리조나에 있는 본부에서 해마다 두 번씩 회의를 연다. 그리고 그에 더해 지니어스 네트워크로 회원들을 유인하기 위해 전용 공간에서 연례행사를 개최한다. 폴리시는 또한 자신의 그룹에 가입하는 행위의 가치 제안 중 적어도 절반은 무엇을 배우냐가 아니라 누구를 만날 것이냐이기 때문에 감정적인 부분을 담당하는 두뇌에 호소하기도 한다. 그는 성공을 거두고 행복해 하는 회원들이 네트워크를 통해 무엇을 얻었는지 확인해 주는 인터뷰 혹은 리처드 브랜슨(Richard Branson)이나 빌 게이츠(Bill Gates)와 같은 기업가들과 함께 찍은 사진처럼 그가 '사회적 증거'라고 부르는 많은 자료를 동원하여 가망 회원의 구매를 부추긴다.

폴리시는 자신의 가치 제안을 쑥스러워하지 않는다. 이곳은 여러분의 '드림 롤로덱스(미국 제퍼 아메리칸(Zephyr American)사의 회전 인출식 인덱스 파일의 상품명: 링에 철해진 카드가 회전해서 해당 부분을 자동적으로 검색할 수 있도록 되어 있음)'를 사용하고 싶은 사람들의 모임입니다.'라고 그는 말한다. 폴리시는 자신의 가입 서비스에 배타적인 분위기를 조성하는 데 주의를 기울인다. 이 배타성으로 이 비공개 클럽 모델이 매우 매력적으로 보이게 되는 것이다. 그는 다음과 같이 말한다. '공급보다 수요가 더 많으면 모든 사람이 사고 싶어 하죠.'

진입 장벽

비공개 클럽 모델을 움직이는 것 중 하나는 바로 비공개라는 점이다. 일부 성취 지향적인 사람들은 여러분이 설치한 진입 장벽이 높으면 높을수록 그것을 넘고 싶어 한다.

타이거 21(TIGER 21)을 보자. 이 회사는 21세기(21st Century)의 성과 증대를 위한 투자 그룹(Investment Group for Enhanced Results)의 첫 번째 알파벳을 따서 만든 이름으로 세상에서 가장 배타적인 투자 모임으로 연회비가 3만 달러에 이른다. 전 세계에 있는 이 그룹의 회원 약 200명은 약 총 200억 달러의 자산을 관리하는 사람들이다. 이 비공개 클럽에 들어가려면 투자 자산이 최소 1천만 달러는 되어야 한다.

타이거 21의 회원들은 매달 12명으로 구성된 소규모 지역 모임에서 만난다. 일단 모임이 시작되면 휴대전화를 끄고, 문을 닫는다. 그리고 비즈니스에 몰두한다. 모든 모임의 중심에는 한 시간 동안 다른 회원들이 자신의 투자 접근법에 대해 비판할 수 있도록 포트폴리오를 아주 상세하게 밝혀야 하는 회원의 포트폴리오 디펜스가 있다.

고도의 순가치를 지닌 투자자들과 성공한 기업가, 산업의 수장들에게 그들의 재정적 삶의 아주 상세한 부분까지 밝히도록 요구하는 것은 쉬운 일이 아니지만, 타이거 21에서는 모든 회원들이 포트폴리오 디펜스를 해야 하기 때문에 가능하다. 더욱이 각 회원들은 멤버십에 요구되는 부의 문턱을 넘은 사람들이기 때문에 그룹 내에서 서로를 존중한다.

지위를 얻으려고 가입하기

어떻게 보면 비공개 클럽 모델이 사회적 지위를 판다고 할 수 있다. 클럽 가입을 통해 입신출세를 위해 노력하는 것이라고 생각하라.

지위를 얻기 위해 가입하는 것을 가장 잘 보여주는 사례 중 하나는 호화 휴가 '데스티네이션 클럽(Destination Club)'의 부상이다. 데스티네이션 클럽의 아이디어는 1998년에 시간 공유 개발 비즈니스의 베테랑인 롭 맥그로스(Rob McGrath)가 프라이비트 리트리츠(Private Retreats)라는 클럽을 만들면서 소개되었다. 맥그로스의 개념은 간단했다. 해마다 같은 장소로 돌아가야 하는 데 드는 비용이나 불편 없이 별장을 소유할 때 가질 수 있는 혜택을 누리고 싶은 돈 많은 가족을 타깃으로 삼는 것이다.

가장 크고 가장 성공적인 데스티네이션 클럽 중 하나는 익스클루시브 리조트(Exclusive Resorts)로 2002년에 브렌트 (Brent)와 브래드 핸들러(Brad Handler) 형제가 시작했다. 그리고 AOL의 창업자 스티브 케이스(Steve Case)가 2003년 익스클루시브 리조트의 과반수 소유주가 되어 그 개념을 확장시켰다.

여러분은 3백만 달러로 마우이에 1,000평짜리 휴가용 별장을 사는 대신 그냥 익스클루시브 리조트에 가입하고 매년 아주 인상적인 집들로 구성된 포트폴리오를 볼 수 있다. 리조트는 몇 가지 패키지를 제공한다. 2014년의 기본 제공 패키지는 170,000달러의 일시불 회비에 여러분이 클럽 자산에 접근할 수 있는 1년 중 20일 동안 하루 1,150달러가량 되는 연회비를 결합시켰다. 여러분은 실제로 별장을 소유하고 관리하는 데 드는 비용의 아주 일부만으로 가족과 친구들이 아주 멋진 집에서 즐겁게 시간을 보낼 수 있도록 할 수 있게 된 것이다.

기업도 지위를 얻으려고 가입한다.

지위를 얻기 위해 가입한다는 아이디어는 소비자를 가

입 서비스로 유인하는 데만 한정되지 않는다. 그것은 기업이 자기 체급 위로 치고 나가는 데 도움이 될 자기 이미지를 만들고 싶은 경우 B2B에도 적용된다.

성공한 회사들이 중요한 직원들에게 보상을 해주고 잠재적인 임원 후보자들에게 잘 보이기 위해 회사 이름으로 휴가용 부동산을 구입하던 때가 있었다. 직원들에게 회사 대표가 별장 열쇠를 건네주면서 가족과 함께 일주일간 휴가를 다녀오라고 하면 그들은 '내가 그동안 잘 해냈나보구나'라는 생각이 들었다.

요즘에는 회사들이 1백만 달러짜리 저택에 마지못해 돈을 내놓지 않고도 직원들을 보상해 주면서 성공한 회사 이미지를 만들고 싶어 한다. 데스티네이션 클럽 인스피라토 (Inspirato)는 기업용 인스피라토를 출시했다. 이것은 중요한 직원을 두고 포춘 500대 기업과 경쟁하는 중소 규모의 회사에 휴가용 부동산 라이선스를 제공한다. 일회성 초기 비용 15,000달러에 연회비 20,000달러를 더한 금액으로 기업용 라이선스를 살 수 있다. 그러면 그들에게 인스피라토 계정 관리자와 전용 여행 기획자, 목적지별 현장 컨시어지가 배정되고 회사 이름이 붙은 웹 포탈이 주어져 직원들과 그 배우자들이 보상 여행을 계획하면서 회사의 배려를 기억할 수 있도록 해준다.

여러분의 산업에도 그것이 통할까?

내가 이 책에서 소개하고 있는 모든 가입 모델들처럼 나는 여러분이 '그것은 내가 속한 산업에서는 통하지 않아요.'라고 하지 말고 '이 모델이 내가 속한 산업에 어떻게 적용되지?' 혹은 '이 모델의 어떤 부분을 우리 회사에 적용할 수 있을까?'와 같은 질문을 계속 하라고 한다. 그런 질문들은 음식점을 경영하는 로베르토 마르텔라(Roberto Martella)가 2004년에 자신에게 했던 것들이다.

마르텔라는 노스 토론토에 그라노(Grano)라는 고급 음식점을 소유하고 있다. 부유한 토론토 사람들의 저녁 식사를 놓고 식당들 간의 경쟁이 치열해지자 2004년 마르텔라와 그의 친구 루디야드 그리피스(Rudyard Griffiths)와 패트릭

루시아니(Patrick Luciani)는 뭔가 새로운 일을 하기로 결정했다. 그들은 그라노 스피커 시리즈(the Grano Speaker Series, 현재는 살롱 스피커 시리즈(the Salon Speaker Series)라고 불림)를 열고 경제학자 폴 볼커(Paul Volcker)와 같이 유명한 연사를 초대해 음식점에서 짧게 즉흥 연설을 해달라고 부탁했다.

마르텔라의 음식점에는 좌석이 300석이다. 그리고 A급 연사를 초대하는 데는 비용이 많이 들었다. 그래서 그와 동업자들은 구독 비즈니스처럼 시리즈를 구성하기로 했다. 그렇게 돈 많은 은행가와 법률가들이 연회비 1,200달러를 내고 분기마다 세계적인 거물급 사상가들의 비공개 연설에 초대되었다.

시리즈는 토론토 이외에 다른 도시 3곳으로 확장되었다. 행사는 모두 가입자이 말콤 글래드웰(Malcom Gladwell)이나 밥 우드워드(Bob Woodward)와 같은 유명 연사의 연설을 비공개적으로 들을 수 있도록 소규모 공간에서 개최된다.

이것은 엘리트 회원들로 구성된 비공개 클럽이기 때문

에 적어도 가치의 일부분은 모두 거물로 구성된 다른 가입
자들과 친밀한 공간에서 친교를 나눌 수 있는 것이다.

비공개 클럽 모델은
어떤 경우에 가장 효과가 좋은가

여러분이 다음의 경우라면
비공개 클럽 모델을 고려해 보라.

- 거의 항상 공급이 제한적이고 부유한 소비자들 사이에서 수요가 높은 서비스 또는 경험에 속하는 것을 보유한 경우
- 거의 항상 남의 떡이 더 커 보이는 성취 지향적인 '노력가'들의 시장에 있는 경우

내부 관계자의 조언

- 비공개 클럽 모델이 효과가 있도록 만드는 비결은 가격이 각기 다른 접근 권한을 제공하지 않는 것이다. 고객들이 결정하지 않으면 안 되게 해라. 그들이 정말 소수만을 위한 것에 접근하기를 원하면 그럴 수 있는 유일한 길이 장기적 관계를 맺는 것이어야 한다. 여러

분은 타이거 21에서 포트폴리오 디펜스를 살 수 없다. 가입을 해야 한다.

• 비공개 클럽 모델의 가장 큰 강점은 가장 큰 약점이기도 하다. 정의에 의하면 여러분이 판매하고 있는 것은 공급이 제한적이다. 유동 자금을 1천만 달러나 보유한 사람은 별로 없다. 그러므로 회원 범주를 낮추지 않고 거대 타이거 21이 성장할 수 있는 방법에는 태생적인 한계가 항상 존재할 것이다. 그것은 가치 제안을 약화시키는 것이다. RMGC가 신규 골퍼를 너무 많이 받아서 회원들이 티타임을 예약하는 데 어려움을 겪게 되면 기존 회원들은 기분이 언짢아진다.

6장

여러분이 가족을 데리고 애틀란타로 휴가를 가기로 결정했다고 상상해보자. 여행을 계속하는 데는 두 가지 방법이 있다. 대부분의 사람들이 그러듯 휴가 중인 가족들의 흥미를 끄는 복잡한 관광 명소에서 길게 줄을 서거나 아니면 여행하는 동안 돈 좀 들여서 눈앞에 보이는 사실상 모든 줄의 맨 앞에 설 수 있는 특권을 사는 것이다.

공항에 가면 일반 체크인 카운터에서 줄을 설 때도 있다. 그때 연회비가 비싼 신용 카드를 하나 가지고 있으면 줄을 건너뛰고 비즈니스 클래스 체크인 데스크를 이용해 비행기로 들어갈 수도 있다. 그리고 멋진 카드를 다시 보여주고 특별 보안 확인 대기줄로 안내될 수도 있다.

호텔에 도착하면 여러분이 매년 이 체인 호텔에서 돈을 쓰는 데 대한 보답으로 골드 체크인 카운터로 곧장 갈 수 있다.

아침에 여러분은 아이들이 식스 플래그즈 오브 조지아 (Six Flags of Georgia) 놀이 공원으로 아이들을 데려가기로 결정하고 I-85 도로를 탄다. 여러분은 통근하는 사람들과 함께 차가 막히는 도로에 앉아 있게 될 수도 있다. 하지만 여러분은 미리 계획을 세워 페이 앤 고 피치 패스(Pay n Go Peach Pass)를 구매해 두었다. 그것으로 여러분은 교통량이 적은 도로를 탈 수 있는 권리를 구매한 운전자 전용 도로를 달릴 수 있다.

식스 플래그즈에서는 여러분은 그냥 공원으로 가는 일일 패스를 살 수 있다. 하지만 때는 7월이고 아이들은 놀이 기구를 모두 타보고 싶어 한다. 그래서 여러분은 45달러짜리 골드 레벨 플래시 패스(gold-level FLASH Pass)를 가족 수대로 마지못해 산다. 그러면 놀이 기구를 타려고 기다리는 시간이 반으로 줄어든다.

여름 휴가 첫날 정오, 여러분은 5개의 줄 맨 앞에 서느라 이미 수백 달러를 썼다. 덕분에 가족들에게 더 나은 휴가를 선사했다.

맨 앞줄 서기 구독 모델은 특정 고객 그룹에 우선권을 판매하는 것이 포함된다. 이 모델은 소프트웨어 산업에서 유행했지만 서비스 대기열을 건너뛰는 데 기꺼이 돈을 쓰려는 고객들이 있는 회사라면 어디서나 사용할 수 있다.

구독 모델 밀어붙이기

세일즈포스닷컴(Salesforce.com)은 영업팀이 온라인으로 연락처를 관리하기 위해 사용하는 소프트웨어를 공급하는 구독 서비스 회사다. 이 회사는 석세스 플랜(Success Plan)이라는 구독 기반 서비스 팩도 제공하면서 구독 비즈니스 모델에 회사의 미래 가능성을 두 배로 걸었다. 세일즈포스닷컴은 모든 사람에게 기본적 수준의 지원을 제공한다. 여러분이 온라인 시스템을 통해 티켓을 제출하면 누군가 여러분에게 영업일로 이틀 이내에 이메일로 답장을 보낼 것이다.

여러분이 그 전에 문제에 대한 답변을 받고 싶으면 구독 기반의 고급 서비스 패키지를 구매하면 된다. 프리미어(Premiere)라고 불리는 가장 저렴한 서비스 패키지는 가입자들에게 문제를 해결하기 위해 연락할 전화번호와 세일즈포스닷컴에서 '업무 수행에 필수적인' 것으로 보는 문제에 대해서는 1시간이라는 작업 완료 후 회신 시간을 제공한다.

몇 분만 다운되어도 기업 매출에 큰 손실이 발생할 것 같으면 여러분은 미션 크리티컬 석세스(Mission Critical Success)라는 세일즈포스닷컴의 가장 비싼 서비스 패키지를 사면 된다. 그러면 업무에 필수적인 기능을 사용할 수 없게 된 경우 15분 이내에 이에 대한 조치를 받을 수 있다.

여러분이 맨 앞줄 서기 구독 모델을 채택하면 모든 고객이 동등하게 대접받지 않는다는 사실을 공개적으로 선언하는 게 된다. 이것은 잘못된 것처럼 들릴 수도 있다. 하지만 일부 고객을 다른 고객보다 우선시 하는 것은 우리 대부분이 매일 무의식적으로 하고 있는 일이다. 여러분의 가장 큰 고객이 어떤 문제에 대해 불평하려고 전화를 했던 때를 기억해보라. 그녀의 전화를 어떤 작은 고객의 전화보다 우선시하지 않았는가?

사람들은 대부분의 회사가 고객에 대해 우선순위를 매긴다는 것을 알고 있다. 그러니 여러분이 어떻게 우선권을 주느냐를 설명해주면 그것을 이해할 것이다.

맨 앞줄 서기 구독 모델에서는 누가 먼저 서비스를 받느냐를 정하는 기준이 투명하다. 그것은 어떤 의미에서 이유도 설명하지 않고 어떤 고객들을 서비스 순위에서 뒤로 미루는 것보다 더 공정하다.

소프트웨어 회사만을 위한 것이 아니다.

세일즈포스닷컴 같은 소프트웨어 회사가 맨 앞줄 서기 모델을 대중화시켰다지만 맨 앞줄에 서는 권리를 판매하기 위해 여러분이 테크놀로지 회사를 만들 필요는 없다.

보스턴의 드라이브워크스(Thriveworks)를 한번 보자. 이 회사는 연 99달러를 내고 여러분이 나누고 싶은 주제가 무엇이든 함께 의논할 수 있는 개인 카운슬러나 코치를 만날 수 있는 프로그램을 제공한다. 드라이브워크스 가입자들은 우울증이나 중독 증세로 고생하고 있거나 그저 중대한 인생사를 결정하기 위해 의논할 사람을 만나고 싶으면 단 24시간 이내에 상담을 받을 수 있다. 문제가 더 위급한 경우, 드라이브워크스 가입자들은 정신 건강 전문가와 하루 24시간 전화 연결을 할 수 있다. 드라이브워크스는 또한 '코치에게 물어보세요'라는 프로그램을 제공하는데, 여기서 가입자들은 코칭과 관련된 질문을 발송하고 24시간 이내에 드라이브워크스 관계자로부터 서면으로 답변을 받을 수 있다.

이는 내담자가 카운슬러의 회신을 받으려고 며칠을 기다려야 하고 다시 치료사를 만나는 데 몇 주가 걸리는 일반 상담 센터의 대기 시간을 크게 개선한 것이다. 여러분이 정신 건강이나 중대한 인생사에 대한 결정을 내리려 할 때는 시간이 중요하다. 그것이 앤서니 센토르(Anthony Centore)가 드라이브워크스를 시작한 한 가지 이유다.

2008년, 센토르는 지역 사무실에서 카운슬러로 일하기 위해 매사추세츠 케임브리지로 이주했다. 센토르는 도착한지 4달만에 사무실 문을 닫아야만 했다. 그는 자기가 실패한 이유를 알아내기 위해 사무실의 고객이 어떻게 대접받았는지 분석했다. 그는 어떤 고객들은 사무실에서 누군가 자신의 전화에 회신을 하는 데까지 며칠을 기다려야 했다는 사실을 알게 되었다. 환자들 즉, 위기에 처한 많은 이들이 종종 상담사와 얼굴을 마주 보고 만나기까지 몇 주를 기다려야 했던 것이다.

센토르는 도움을 청하기 위해 치료사에게 전화를 거는 게 정말 힘든 일이기 때문에 환자들이 최대한 용기를 내 연락을 취했을 때 곧바로 누군가 응대를 해야 한다는 사실을 깨달았다. 환자가 전화를 했는데 음성 메시지가 나오면 많은 사람이 메시지를 남기기 않고 스스로 문제를 해결하려고 한다. 그러다 때로는 아주 좋지 않은 결과가 생기기도 한다.

센토르는 약속을 잡는 데 시간이 얼마나 걸리는지 알아보기 위해 그 도시의 다른 상담사들에게 전화를 걸었다. 그는 상담사 40명에게 전화를 했는데 40번 모두 음성 메시지를 받았다. 그는 우울증과 중독, 또는 상담이 필요한 부부 문제를 해결하려는 사람들을 위한 컨시어지 같은 시스템 시장이 존재한다는 것을 알게 되었다.

2014년 초 드라이브워크스는 연간 수백만 달러를 벌어들이고 있었고 미국 11개 지역에 사무실도 갖고 있었다. 이 책에 나오는 많은 구독 서비스 모델처럼 드라이브워크스 고객들이 매년 지불하는 회비 99달러는 이 회사 매출의 겨우 약 20%에 해당된다. 다른 80%는 드라이브워크스 상담사들이 자신의 예약으로 고객과 그들의 보험사로부터 받은 비용에서 나온다.

맨 앞줄 서기 구독 서비스를 제공하려면 특별 서비스 줄에 돈을 내는 고객들을 어떻게 대할 것인가에 대해 면밀히 생각해 봐야 할 것이다.

예를 들어, 여러분이 젠데스트(Zendesk)나 데스크닷컴 (Desk.com)과 같은 응용프로그램을 통해 온라인 지원을 제공하는 경우, 가입자들을 쉽게 대기줄 맨 앞에 세울 수 있다. 그러한 응용프로그램은 대부분 여러분이 특정 유형의 고객을 구분해 내서 그들에게 우선권을 줄 수 있도록 해준다. 고객들이 여러분과 직접 거래하고자 하는 경우, 여러분은 홈 데포(Home Depot)가 자신의 서비스 카운터와 계약을 맺는 방식이나 동네 은행이 기업 고객들에게 전용 창구를 제공하는 방식과 유사한 전용 응대 창구를 마련하는 것을 생각해 볼 수도 있다.

여러분의 고객이 전화로 여러분과 소통하는 경우, 가입자 전용 콜 센터나 가입자 전용 전화번호를 마련해도 된다. 그리고 밤낮을 가리지 않고 항상 고객과 실시간 대화를 나눌 수 있는 직원이 항상 대기할 수 있도록 서로 다른 시간대를 기반으로 서비스를 제공하는 '태양 따라가기' 전략을 사용할 수도 있다.

　여러분의 고객이라면 대개 서비스를 받기 위해 기다려야 하는 줄의 맨 앞에 끼어드는 대가로 무엇을 지불할 수 있을까? 여러분이라면 문제가 생겼을 때 자기가 가장 먼저 서비스를 받을 거라는 사실을 알고 있기 때문에 얻을 수 있는 마음의 평화를 주는 대가로 고객에게 소액의 월회비를 청구할 수 있는가? 하찮은 금액처럼 보일 수도 있지만 많은 고객들이 내는 작은 회비가 매달 매출 기반을 제공하고, 현금 흐름을 원활하게 만들며, 회사를 팔아야 할 때 그 가치를 더 높이는 데 도움이 되는 안정적인 순환 매출 흐름을 더해 줄 수 있다.

맨 앞줄 서기 모델은
어떤 경우에 효과가 가장 좋은가

여러분이 다음의 경우라면
맨 앞줄 서기 모델을 고려해 보자.

- 제품이나 서비스가 비교적 복잡한 경우
- 고객이 특별히 가격에 민감하지 않은 경우
- 고객이 기다리면 커다란 문제가 생길 수 있는 경우

내부 관계자의 말

- 순환 매출이라는 추가적인 연금성 흐름을 더하기 위해 맨 앞줄 서기 구독 모델을 다른 구독 서비스 모델과 연결해 사용할 수 있다.
- 이 구독 서비스 모델을 사용하려면 기본 서비스에서 이미 좋은 평판을 얻는 것이 중요하다.
- 일반 고객들과 고급 서비스에 돈을 지불하고 있는 고객들이 섞이지 않도록 기술과 시스템에 투자하라(예를

들어, 젠데스크나 경험 많은 고객지원 담당자가 응대하는 전용 전

화번호)

- 맨 앞줄 서기 구독 모델은 회사 내부에 문제를 해결할 자원이 부족한 중소기업 고객들에게 효과가 더 좋을 수 있다. 애플의 조인트 벤처 구독 서비스는 현장에 정규직 IT 직원이 없어서 새로운 시스템 교육을 해 줄 직원이 부족한 소규모 회사를 위한 것이다.

　　　　　　　　　다음 두 장에서는 구독 기
반 전자상거래라는 성장 중인 카테고리에 있는 구독 서비
스 모델을 살펴볼 것이다. 이들 회사는 구독 기반으로 서
비스가 아니 상품을 제공한다. 소프트웨어나 서비스 제공
업체와는 달리 구독 기반 전자상거래 회사들에게는 판매
하는 것이 무엇이든 공급 물량을 확보하고 그것을 가입자
들에게 배송해야 하는 물류 문제를 다뤄야 하는 어려움이
추가적으로 따른다.

　　나는 2가지 모델 중 첫 번째를 소모품 모델이라 부른다.
여기에는 가입자가 주기적으로 보충해야 하는 상품을 제
공하는 서비스가 포함된다. 이 가치 제안은 단순하다. 기
저귀나 면도날 구매와 같은 일상적인 일에 신경을 쓰며 살
기에는 인생이 너무 짧다는 것이다. 가입하라. 그러면 그

물건이 바닥날 일은 없을 것이다.

마크 르바인(Mark Levine)과 마이클 더빈(Michael Dubin)은 2010년에 처음 어느 파티에서 만났다. 둘은 면도날 구매 비용이 높다고 불평하기 시작했다. 제조업과 제품 개발 경력이 있던 르바인은 면도날 교체품을 대량으로 싸게 살 수 있는 곳을 안다고 말했다.

2011년 1월, 그들은 달러 셰이브 클럽(Dallar Shave Club)이 될 회사를 차리는 작업을 시작했다. 이 회사 구독자들은 정기적으로 집에서 면도날 교체품을 받아볼 수 있다. 더빈은 자신의 미디어업계 지인들을 활용하여 2011년 말 처음 구독자 1천 명을 가까스로 확보했다. 하지만 이 사업이 정말로 날개를 단 것은 그들이 2012년에 유튜브 동영상을 제작한 후였다. 공동 창업자 더빈이 면도날 교체품이 너무 비싸다고 항의하는 사람으로 나오는 이 동영상은 회사를 아주 재미있게 소개했다. 이 동영상은 달러 셰이브 클럽의 서버가 다운될 정도로 주목을 끌었다. 동영상이 게재된 지 48시간이 지나기도 전에 회사는 주문을 1만 2천

건이나 받았다. 더빈은 새로운 가입자들의 주문을 맞추기 위해 친구와 협력 업체를 모두 모으기 시작했다.

더빈은 뉴욕 타임스에 당시의 정신없었던 상황을 설명했다.

처음에 우리는 5초에서 10초마다 배송 라벨을 한 장씩 인쇄하고 있었습니다. 그것도 빠르다고 할 수 있지만 수천 장이 필요할 때는 그렇지도 않아요. 그때 우리는 재고 추적 시스템도 없어서 포스트잇과 바인더로 언제 누구에게 면도날을 보냈는지 추적하고 있었습니다. 이 모든 게 너무나 노동집약적이었어요. 그래도 초창기 직원들 덕분에 고비를 넘길 수 있었죠. 그 후 우리는 창고와 주문 처리 과정을 우리 주문품을 포장해 자동으로 처리하는 켄터키의 협력 업체 물류 센터로 옮겼습니다.

2014년 6월 달러 셰이브 클럽은 직원 40명이 33만 명의 구독자 담당하는 회사로 성장했으며 전설적인 동영상은 거의 1천 5백만 번 조회됐다.

르바인과 더빈이 처음 만나기 전 15년 동안 새미 리흐티(Samy Liechti)는 소모품 모델을 자신의 '삭스크립션(sockscription)'이라는 브랜드에서 실험해보고 있었다. 당시 마르셀 로스(Marcel Roth)라는 파트너와 함께 일했던 리흐티는 매달 한 번 검정색 정장용 양말 세트를 구독자들에게 보내주는 취리히의 회사 블랙삭스(Blacksocks)의 창업자이다. 1994년, 일본인 임원진들의 눈에 들어 잘 나가는 젊은 광고 담당 임원이었던 리흐티는 양말 구독에 대한 아이디어를 갖게 되었다. 리흐티와 일본인 임원진은 업무상 저녁 식사를 한 후, 일본식 찻집으로 갔다. 그런데 그곳은 신발을 벗어야 하는 곳이었다. 리흐티가 로퍼를 벗자 짝도 맞지 않고 낡아빠진 양말이 드러났다. 게다가 한 쪽 양말에는 구멍이 나서 그 사이로 엄지발가락이 삐죽이 나와 있었다. 그 저녁 모임을 준비하느라 너무 서두른 나머지 오래된 낡은 양말을 주워 신었던 것이다. 리흐티는 망신은 면했지만 아무도 낡은 양말로 망신을 당하지 않아도 될 새로운 사업 아이디어를 하나 얻게 되었다.

요즘, 블랙삭스는 전 세계에 연간 약 100달러에 검정색 양말을 정기적으로 배송 받는 구독자가 3만 명이 된다. 양말들은 모두 모양과 색상이 똑같아서 건조기 바닥에 깔린 양말들 속에서 맞는 짝을 찾아 맞출 일은 없다.

달러 셰이브 클럽과 블랙삭스 모두 초기 물류와 주문 처리 과정에서 발생한 어려움을 극복하고 가입자 기반을 성장시켰다. 하지만 그들은 앞으로 더 많은 문제에 빠질 수도 있다.

가입의 모든 것

달러 셰이브 클럽이나 블랙삭스 같은 소모품 구독 서비스 회사가 직면한 가장 큰 문제는 아마존이나 월마트처럼 거대 온라인 소매업체들이 제공하는 것과 자신의 제품을 어떻게 차별화하느냐이다. 지난 집계에 따르면 아마존은 아마존 프라임 고객들에게 이틀 내에 무료로 수천 가지 상품을 배송하겠다는 약속을 효율적으로 지키기 위해 미국 전역에 대형 유통 센터 40개를 보유하고 있거나 짓고 있다. 아마존은 또한 서브스크라이브 앤 세이브를 통해 거의 모든 소비재 상품을 제공한다. 그것은 이제 아마존에 가입하면 거의 모든 소비재 상품을 구매할 수 있다는 말이다.

구독 서비스는 이제 차별화 가치 제안이 아니다. 아마존(혹은 타깃이나 월마트)이 여러분에게 자신이 접근할 수 있는 일반 상품이나 서비스를 판매하는 유인력이 있다고 여긴다면 여러분은 독립 회사로 길게 존재할 수 없을 것이다. 대부분의 회사들은 없어질 것이다. 그리고 남은 몇몇도 대형 소매업체나 온라인 판매업자 중 한 곳에서 인수하겠다는 압력을 받게 될 것이다. 우리는 너희를 사든지 아니면 업계에서 몰아내겠다. 아마존이 다이아퍼스닷컴(Diapers. com)을 인수했던 당시 상황을 잘 들여다보라.

마크 로어(Mark Lore)와 비니트 브하라라(Vinit Bharara)는 잠이 부족한 부모들이 기저귀나 물티슈, 그리고 아기를 돌보는 데 필요한 기타 소모품을 반복적으로 날짜에 맞춰 쉽게 배송 받을 수 있도록 하기 위해 2005년에 다이아퍼스닷컴을 시작했다. 달러 셰이브 클럽과 달리 다이아퍼스닷컴은 기저귀의 원 공급업체를 밝히기를 꺼리지 않았다. 이 회사는 엄마들이 아마존에서 살 수 있는 하기스 리틀 스터글러스(Huggies Little Snugglers)와 팸퍼스 스웨들러즈(Pampers Swaddlers)를 공급하고 있었다.

다이아퍼스닷컴의 사업이 빠르게 성장하자 아마존의 주의를 끌게 되었다. 그리고 아마존은 제프 블랙번(Jeff Blackburn)을 보내 로어와 바흐라라를 만나게 했다. 없는 게 없는 가게: 제프 베조스와 아마존의 시대(The Everything Store: Jeff Bezos and the Age of Amazon)의 저자인 블룸버그 비즈니스위크(Bloomberg Businesswee)의 브래드 스톤(Brad Stone)에 따르면 블랙번은 아마존의 사업 개발 부문 수석 부회장이었다. 이것은 그가 제프 베조스에게 회사를 사다 바치는 업무를 맡았다는 것을 의미한다. 스톤에 따르면 블랙번은 로어와 브하라라에게 아마존이 기저귀 부문에 투자할 준비를 하고 있으니 아마존에 회사를 매각하는 것을 심각하게 고려해 보라고 말했다고 한다.

블랙번과 만난 직후, 로어와 브하라라는 아마존이 기저귀 가격을 30% 인하한 것을 알게 되었다. 그들은 아마존이 의도적으로 가격을 내리고 있다고 추측했다. 그래서 기저귀 가격을 올렸다 내리면서 아마존이 정확히 그것에 따라 가격을 변경하는 것을 지켜보았다.

아마존이 기저귀 가격 책정에 더 큰 영향력을 행사하기 시작하자 다이아퍼스닷컴은 경제적으로 압박을 받기 시작했다. 매출은 오르지 않고 로어와 브하라라를 지원했던 벤처 투자자들은 아마존과의 가격 싸움을 재정적으로 지원하기를 주저했다. 로어와 브하라라는 압박을 느끼고 아마존의 인수 가능성을 타진하기 위해 시애틀로 날아갔다.

로어와 브하라라가 아마존 임원진과 회의를 하는 동안, 아마존은 서브스크라이브 앤 세이브 기저귀 정기 배송 구독자들에게 이미 30% 할인된 기저귀를 2일내 무료 배송해주는 아마존 맘(Amazon Mom) 런칭 소식을 매체에 알렸다. 다이아퍼스닷컴 직원들은 뉴스 기사를 읽고 아마존 맘의 위협에 어떻게 대처해야 할지 의논하기 위해 로어와 브하라라와 미친 듯이 연락을 취하려고 했다. 하지만 창업자들은 전화를 받지 않았다. 그때 그들은 회사 매각을 논의하느라 아마존 본사에 있었다.

2010년 11월 8일 아마존은 5억 달러에 다이아퍼스닷컴의 모회사인 퀴드시를 인수했다고 발표했다. 아마존의 창업자이자 CEO인 제프 베조스는 다음과 같이 말했다. '저는 기저귀를 가는 일과 거기에 너무 많은 돈을 쓰는 것, 집에 기저귀가 하나도 안 남은 것 중 어떤 것이 더 괴로운 일인지 잘 모르겠습니다. 이번 인수로 부모들에게 좋은 가격과 무료 배송을 약속하는 두 회사가 힘을 합치게 되어 부모가 되기 위해 해야 하는 여러 가지 일 중 하나가 좀 더 편리하고 좀 더 저렴하게 되었습니다.'

다이아퍼스닷컴은 운이 좋은 경우 중 하나였다. 이 회사는 아마존이 이 분야에 진입하기로 결정하기 전에 연 3억 달러짜리 비즈니스를 이미 구축해 놓은 상태였다. 먼저 시작했다는 이점 때문에 아마존이 다이어퍼스닷컴을 인수해 즉각적으로 규모를 갖겠다는 생각을 하게 만들었다. 다이아퍼스닷컴 같은 회사 하나 당 천개의 구독 서비스 회사들이 자신의 비즈니스에서 제공해야 하는 것을 차별화하지 못하고 어차피 아마존이 이기게 되어 있는 전쟁에서 가격에 의존해 경쟁하려고 한다.

최선의 방어: 브랜딩

그러면 소규모 회사가 소모품 모델로 성공할 가능성은 있을까? 있다. 브랜드 가치를 구축하고 공급망을 지켜낸다면.

아미르 엘라귀지(Amir Elaguizy)는 구독 기반 전자상거래 운동의 선도적 개척자 중 한 명이다. 그는 컨셔스 박스(Conscious Box) 같은 회사들이 사업 운영을 위해 사용하는 구독 기반 전자 상거래 플랫폼 크레이트조이(Cratejoy)의 창업자이다. 엘라귀지는 소모품 모델에 투자하는 회사들에게 브랜드 구축이 얼마나 중요한지 다음과 같이 내게 자세히 설명했다. '10년이 지나도 살아남을 사람들은 그냥 다른 사람의 제품을 팔러 다니지 않습니다. 살아남을 회사는 다음 두 가지를 모두 갖고 있죠. 그들은 제품을 세심하게 돌봅니다. 그리고 브랜드를 구축하는 데 집중하죠.'

독특한 브랜드를 구축하려면 포지셔닝할 때 다음 두 가지 범주를 만족시켜야 한다. 브랜드가 고객에게 중요해야 한다. 그리고 여러분을 독특하게 만들어줘야 한다. 가능성 있는 거의 모든 제품 카테고리에서 아마존은 비슷한 유형의 제품과 비교했을 때 거의 항상 더 싸고, 더 빠르게 배송할 수 있기 때문에 구독 서비스를 차별화하는 가장 확실한 방법 두 가지를 이미 확보하고 있다. 이 사실은 여러분이 소모품 차별화에 오직 두 가지 가능성만 남겨준다.

달러 셰이브 클럽은 그냥 값싼 면도날을 팔지 않는다. 르바인과 더빈은 작은 재미를 주는 것으로 규정되는 브랜드를 구축하고 있다. 그들의 제품 라인업을 보면 그것을 알 수 있다. 여러분은 그들이 '변변치 않은 쌍둥이(Humble Twin)'라고 부르는 기본 양날이나 '연인의 블레이드(Lover's Blade)'라고 부르는 4중 칼날 모델 중에서 제품을 고를 수 있다. 끝까지 가보면 '이그제큐티브(the Executive)'라고 불리는 최고급 모델인 6중 칼날까지 선택할 수도 있다.

퓨전 프로글라이드(Fusion ProGlide)나 쉭 히드로 5(Schick Hydro 5)처럼 병원 냄새나는 이름이 붙은 면도날을 팔기 위해 전통적인 유통 채널을 이용하는 시장 선도업체들과는 달리 달러 셰이브 클럽은 남자들이 이해할 수 있는 사람 냄새나는 브랜드를 구축하고 있다.

'기술 스타트업들은 종종 기능성에 중점을 둡니다. 하지만 우리는 감성적 브랜드를 구축하는 데 크게 성공했죠.'라고 2013년 아일랜드에서 열린 한 업계 행사에서 더빈이 말했다.

소모품 모델이 쉬워 보일 수도 있지만, 브랜드를 구축하고 수십 만 가입자들을 응대할 기술과 주문 처리 인프라에 투자하려면 돈이 많이 든다. 그리고 이것이 더빈과 르바인이 달러 셰이브 클럽의 파이를 다른 많은 외부 투자자들과 나눠야만 했던 이유다. 2013년 10월 달러 셰이브 클럽은 자금 모금을 위해 1백만 달러의 시드라운드 이후 9백 8십만 달러짜리 시리즈 A를 거치고 이어서 시리즈 B를 통해 1천 2백만 달러를 모았다.

달러 셰이브 클럽처럼 블랙삭스도 역시 브랜드를 구축하고 있다. 유럽에서 블랙삭스는 미국의 컨슈머리포트(Consumer Reports)와 유사한 잡지인 카센스터츠(Kassen-sturz)와 케이-팁(K-Tipp)으로부터 최고 점수를 받은 것을 비롯해 수많은 품질상을 수상한 아주 확고하게 자리 잡은 브랜드다. 나는 블랙삭스의 미국 경영 파트너인 로리 로센(Lori Rosen)과 대화를 나눴다. 거기서 그는 이 회사의 마케팅 전략을 논했다. '우리는 품질과 편리성을 판매합니다. 우리 회사 양말은 품질이 좋은 이탈리아 산이에요.'라고 로센이 말했다.

소비재에 관한 한 여러분이 브랜드를 구축할 계획이 없다면 최상의 고객 경험은 요원한 일이다. 재미의 일부분이 매달 배송되는 상자 안에서 새로운 화장품 견본품을 발견하는 데 있는 버치박스닷컴에 가입하는 것과는 달리, 소비재를 사는 것에는 내재된 즐거움이 전혀 없다. 이것은 자동차를 사는 것과도 다르다. 자동차를 살 때 우리는 아름다운 가죽 시트로 미끄러져 들어가 새 차 냄새를 들이마신다. 우리는 생활필수품을 구매하고 있는 것이다. 그리고 여러분이 브랜드와 경험을 제공하지 못한다면 가장 빠르고 가장 고통이 적은 선택이 항상 이기게 되어 있다.

제품 통제

브랜드를 구축하는 데 있어 가장 큰 부분을 차지하는 것은 제품 자체를 통제하는 것이다. 달러 셰이브 클럽의 경우, 면도날을 생산하지 않는다. 대신 CBS 마켓워치(Market-Watch)는 다음과 같이 보고한다. 이 회사는 4중, 그리고 6중 면도날 제품을 미국 샌디에이고에 있는 자회사를 통해 대한민국의 도루코라는 회사에서 구매한다.

여러분은 도루코라는 브랜드명을 달러 셰이브 클럽 상자 겉면에서 찾아볼 수 없을 것이다. 달러 셰이브 클럽이 왜 면도날 제조업체를 밝히기 꺼려하는 걸까? 그 이유는 브랜드 구축으로 요약된다. 만약 고객이 달러 셰이브 클럽을 그냥 그들이 어디서나 살 수 있는 상품을 팔러 다니는 중간 상인쯤으로 보게 되면 소비자들은 경쟁업체들이 파는 가격을 조사하려 할 것이다. 반대로 여러분이 '연인의 블레이드'라는 제품을 사고 싶다면 그것을 파는 곳은 오직 한 군데뿐이다. 그래서 여러분은 그것을 사기 위해 가입해야만 한다.

아마존이나 월마트, 타깃은 우리 대부분보다 제품 선별과 배송 속도에서 우리보다 더 낫다. 대규모 인터넷 소매업자들이 구독을 통해 자신의 소비재 상품을 더 많이 내놓고 있기 때문에 여러분은 고객들에게 여러분에게서 제품을 구매를 해야 하는 또 다른 이유를 제공해야만 한다.

우리가 제품이 특별하고 더 나은 경험을 선사할 거라고 믿으면 믿을수록 공급자들은 가격을 정할 재량권을 더 많이 갖게 된다. 그것이 사람들이 나이키 스우시가 박힌 티셔츠를 값을 두 배로 쳐주고 사는 이유다. 그들은 브랜드와 사랑에 빠졌고 티셔츠 선택이 자기에 대해 약간의 뭔가를 말해준다고 믿는다. 이것이 일반 콜라가 반값일 때도 많은 사람이 가게에서 코카콜라를 사는 것과 같은 이유다.

소모품 구독 서비스 모델이 장기적으로 효과가 있으려면 대형 플레이어들과 경쟁하기 위해 가격과 제품 종류 이외에 다른 뭔가가 필요하다.

소모품 모델은 어떤 경우에 효과가 가장 좋은가

여러분이 다음의 경우라면
소모품 모델을 고려해 보라.

• 소비자들에게 자연히 다 써버리는 것을 판매하는 경우
• 다시 채우는 게 성가신 제품을 제공하는 경우

내부 관계자의 조언

• 아마존(그리고 다른 온라인 대형 할인업체)과 경쟁하려면 판매 제품을 자신만의 브랜드로 만들어야 한다. 여러분이 다른 공급자로부터 제품을 구매하고 있다 하더라고 제품의 이름을 여러분의 것으로 지어야 한다.
• 여러분이 제공하는 경험을 통해 고객들이 브랜드와 사랑에 빠지게 하라. 온라인 대형 할인점들이 가격이나 배송 속도, 제품 선택 범위와 같은 매우 객관적인 면에서 이기고 있을 때 여러분은 고객들에게 여러분

을 선택해야 하는 다른 이유를 제공해야 한다.

- 공급을 원활하게 해야 한다. 제조 과정을 통제하거나 필요할 때 충분히 제품을 공급 받을 수 있도록 확실히 해야 한다.
- 눈에 보이는 제품에 대한 주문을 처리하거나 수천 명의 가입자에게 서비스를 제공하는 것에 포함된 물류 문제를 과소평가하지 마라.

기업들이 투자하는 구독 기반 전자상거래의 두 번째 형태는 서프라이즈 박스 모델이다. 이 모델에는 구독자들에게 매달 맛있는 것을 미리 계획해 담은 패키지를 배송하는 서비스가 포함된다. 이름을 보면 알 수 있듯이 고객이 가질 수 있는 재미는 일부분 매달 새로운 제품을 발견하는 데 있다. 예를 들어, 여러분이 인내 스포츠 광이라면 새로운 스포츠 젤리와 운동용 보충제 1회분이 가득 담긴 잭트팩(JackedPack)이 매달 배송 받을 수 있다. 만약 연애에 분위기를 돋우고 싶다면 스파이시서브스크립션스닷컴(SpicySubscriptions.com)에 가입해 신상 성인 용품이 가득 담긴 상자를 매달 받아보면 된다. 그리고 스타일을 업그레이드하고 싶다면 스티치픽스(StitchFix)에 가입해 자신의 선호도에 맞는 새 옷과 액세서리 다섯 점을 매달 받으면 된다.

그런 상자들은 전형적으로 사용자들이 열정을 가진 주제를 중심으로 만들어진다. 요즘에는 많은 사람이 가족이 기르는 강아지보다 더 열광하는 것이 별로 없다. 유행을 연구하는 트렌드헌터닷컴(TrendHunter.com)에 따르면 미국에서 가장 빠르게 성장하고 있는 유행 중 하나는 반려 동물을 의인화하는 것이다. 헨릭 워델린(Henrik Werdelin)과 칼리 스트라이프(Carly Strife), 매트 미커(Matt Meeker)는 그들의 회사 바크박스에서 그것을 잘 활용하고 있다.

바크박스는 월 20달러의 회비를 내면 여러분의 개를 위해 미리 구성한 간식이나 장난감, 액세서리 상자를 보내줄 것이다. 이 회사는 자신의 타깃 마켓을 단순히 개 소유자가 아니라 '강아지 부모'라고 설명한다. '소유자들은 반려 동물을 소유합니다. 강아지 부모에게 강아지는 가족의 일원입니다.'라고 바크박스의 공동 창업자 중 한 명인 매트 미커는 말한다.

2012년에서 2013년 사이에 바크박스가 10배 성장할 걸 보면 이 세상에 강아지 부모가 확실히 많은 것 같다. 2014

년 4월에는 거의 2십만 명의 가입자가 자신의 개 이름으로 매달 약 20달러가 넘는 돈을 쓰고 있었다.

바크박스는 서프라이즈 박스의 가능성을 자신의 웹사이트에서 장담한다. '매달 어김없이 사려 깊게 마련된 제품은 우리가 다음 상자에 담아 보낼 제품과 같은 것이 없습니다. 다양성이 삶을 활력 있게 하죠. 아닌가요?'

큐레이터

이런 구독 서비스 회사가 제공하는 가치의 일부는 큐레이션이다. 그리고 이는 구글이 선택지를 무수히 많이 제공하면서 점점 더 중요해지고 있다. 요즘엔 사실상 인터넷에 없는 제품이 없다. 하지만 평판이 좋은 공급자로부터 품질이 좋은 제품을 사고 있다고 여러분을 확신시켜줄 아무런 안전장치가 없다. 바크박스의 경우 가치 제안의 적어도 일부는 이 회사가 여러분의 반려 동물에게 좋지 않은 나쁜 제품을 걸러낸다는 사실이다. 바크박스의 반려견 용품은 모두 미국이나 캐나다에 있는 업체로부터 공급된다. 어떠한 제품에도 생가죽이나 포름알데히드로 가공된 원료가 포함되지 않는다.

구글 이전에는 대개 백화점 바이어가 상품을 검수했다. 그들은 매년 수백 가지의 제품을 검토해 자신의 고객들에게 가장 잘 맞는 것만 선택한다. 요즘 우리는 전처럼 백화점에서 쇼핑을 많이 하지 않는다. 하지만 소비자들은 여전히 누군가 제품이 마케터의 주장대로인지 확신시켜줄 수 있는 것을 확인하는 수고를 해주기 바란다.

독특함이 제품 공급의 적이 되는 경우

스탠더드 코코아(Standard Cocoa)는 뉴욕 시티를 기반으로 하는 또 다른 스타트업으로 2012년에 조다나 카바(Jordana Kava)와 버나드 클라인(Bernard Klein)에 의해 설립됐다. 스탠더드 코코아는 초콜릿 생산자들과 초콜릿과 사랑에 빠진 사람들을 연결시킨다는 목표를 세우고 서프라이즈 박스 모델에 투자했다.

카바는 글로벌 초콜릿 브랜드 고디바(Godiva)에서 일하면서 스탠더드 코코아에 대한 아이디어를 생각해 냈다. 그녀는 소규모 수제 초콜릿 생산자들은 사실상 고디바 같은 세계적인 거대 기업이나 의약품 소매 유통과 식료품 상점을 보유하고 있는 기라델리(Ghirardelli)나 린트(Lindt) 같이 더욱 주류에 속하는 브랜드와 경쟁할 기회조차 없다는 것을 알게 되었다.

카바는 전 세계에 있는 수제 초콜릿 생산자들의 초콜릿으로 구성된 상자를 제공하는 구독 서비스를 시작하기로 결정했다. 스탠더드 코코아는 매월 약 25달러에 집 앞으로 맛있는 초콜릿이 담긴 상자를 보내준다. 스탠더드 코코아 상자는 독자들이 초콜릿 생산자의 뒷이야기와 그 회사가 어떻게 솜씨를 발휘해 초콜릿을 만드는지 알 수 있도록 생산자의 역사가 담겨져 배송된다.

내는 카바에게 1년짜리 구독 비즈니스를 운영하는 데 있어 가장 어려운 점이 무엇인지 설명해달라고 부탁할 때 그녀가 구독자를 찾는 것이 가장 어려운 문제라고 할 것이라고 생각했다. 실제로 이 비즈니스에서 가장 힘든 부분은 대량 주문을 맞추기 위해 초콜릿 생산자들과 일하는 것이라고 그녀는 말했다.

여러분에게 구독자가 수천 명이면, 카바가 스탠더드 코코아 비즈니스 모델이 통하도록 하는 데 필요로 하는 대량 구매 할인을 제공하려는 스페셜티 초콜릿 생산자를 찾는 것이 어려울 수 있다. 스페셜티 초콜릿 제조업자들, 혹은 사실상 다른 모든 수공예 제품 제조업자들은 당연히 규모의 경제를 누릴 수 없다. 스탠더드 코코아 주문 단 한 건으로도 한 달 동안 수제 초콜릿 제조업자가 만들 수 있는 초콜릿은 다 소진될 수 있다.

카바는 스탠더드 코코아의 상자에 제품을 대는 제조업자들에게는 대단한 마케팅 기회가 제공되기 때문에 그 회사의 초콜릿이 수천 명의 잠재 고객에게 알려지게 된다고 주장하려 한다. 하지만 그것은 린트의 공장에 비하면 여러분 엄마의 부엌과 더 가깝게 보이는 시설에서 일하는 사람들에게 주장하기 어려운 일일 수 있다.

서프라이즈 박스 모델이 통하게 만들려면 한 건의 주문에도 할인을 대폭 해줄 수 있으며 주문량을 모두 처리할 능력이 되는 다양한 제조업체들이 많이 필요하다. 스탠더드 코코아와 달리 바크박스는 굳이 수공예품이나 스페셜티가 아니어도 되는 독특한 제품을 제공한다. 그래서 20만 건의 구매 요청도 처리할 수 있는 대형 공급업체에 마음껏 주문을 할 수 있다.

트로이의 목마

그리스 신화에 의하면 그리스인과 트로이인이 트로이라는 도시를 차지하기 위해 전쟁을 벌였다. 전설에 따르면 전쟁이 10년간 교착 상태에 빠지자 그리스가 기발한 계획을 세운다. 그들은 커다란 목마를 만들어 그 안에 정예부대를 숨긴다. 그런 다음 퇴각하는 인상을 주면서 마을을 떠난다. 승리했다고 생각한 트로이인들은 목마를 승리의 트로피로 벽으로 둘러싸인 도시 한 가운데로 끌어낸다. 그날 밤 목마 안에 숨어 있던 사람들이 몰래 빠져 나와 성문을 열고 나머지 그리스 군대가 들어오도록 한다. 그들은 밤을 틈타 되돌아와 있었던 것이다. 그리스 인들은 매복해 있다가 잠자고 있는 트로이인들을 습격하고 트로이를 확실하게 점령해버린다.

많은 서프라이즈 박스 구독자들은 트로이의 목마이다. 회사는 당신에게 매달 싼 가격에 다양한 견본품을 제공한다. 하지만 구독을 가장한 그들의 더 큰 목적은 사실 자신의 상품을 판매할 거래가 활발한 전자상거래 사이트를 만드는 것이다.

컨셔스 박스(Conscious Box)를 자세히 들여다보자. 여러분은 월 약 20달러를 내고 구독 서비스에 가입해 과자나 화장품, 무독성 세제와 같은 친환경적이고 GMO 원료를 쓰지 않은 제품을 받을 수 있다. 컨셔스 박스 고객의 90%는 여성이고, 그중 반은 엄마들이다. 그리고 그들은 모두 완전

자연주의 제품을 대체할 제품을 찾는 데 온 힘을 쏟는다.

가입자들에게 원래 크기의 개 장난감과 즐길 거리를 공급하는 바크박스와는 달리 컨셔스 박스는 공급자(흔히 이들은 샘플링 예산을 가지고 있다)들로부터 무료로 제공받는 견본품을 제공하는 데 중점을 두고 있다. 회사는 컨셔스 박스 웹사이트에서 고객들이 컨셔스 박스에서 찾은 마음에 드는 제품의 평점을 매기도록 장려한다. 고객들은 제품을 평가할 때마다 10포인트를 받고 100포인트를 모을 때마다 컨셔스 박스 온라인 상점에서 사용할 수 있는 1달러를 받는다. 컨셔스 박스 가입자의 5%에서 20%는 컨셔스 박스 상점에서 사용할 수 있는 귀중한 포인트를 받으면서 매달 자신의 박스에 들어 있는 상품을 평가한다.

컨셔스 박스는 여러분이 상품평을 쓰더라도 다음 달 가입비에서는 단 1달러로 깎아주지 않는다. 포인트는 온라인 상점에서 물건을 구매하는 데로 가야 한다. 왜냐하면, 회사는 매달 견본품 상자에 든 제품 중 여러분이 좋아하는 것이 무엇이든 원래 용량을 구매하는 습관이 생기기를 바라기 때문이다. 컨셔스 박스 평가 시스템은 가입자들을 온라인 쇼핑가로 만드는 우아한 방법이다.

컨셔스 박스는 2012년에 시작되었다. 2년 뒤 이 회사의 가입자는 최대 3만 명에 이르렀다. CEO 패트릭 켈리(Patrick Kelly)는 내게 컨셔스 박스의 첫 번째 목표는 가입자기반을 구축하는 것이라고 했다. 하지만 이제 이 회사는 대규모 구독자 풀을 가지고 있기 때문에 그들이 견본품의 본품을 구매하도록 장려하는 데 온 힘을 쏟는 방향으로 움직이고 있다. 2014년 4월부터 컨셔스 박스 매출의 약 10%는 컨셔스 박스 온라인 상점에서 본품을 구입하는 구독자들로부터 나오고 있다.

데이터의 축복(그리고 저주)

데이터는 컨셔스 박스 같은 회사들에는 축복이자 동시에 저주가 된다. 이 회사의 복잡한 평가 플랫폼은 컨셔스 박스와 이 회사의 제품 공급 업체들에게 엄청나게 많은 고객 데이터를 안겨준다. 문제는 고객들이 자신들이 원하는 것을 말하려고 시간을 냈을 때 여러분이 구독자 경험을 개선하기 위해 자신의 정보를 사용할 것으로 기대한다는 점이다.

예를 들어 만약 여러분이 컨셔스 박스에 밀가루 알레르기가 있다고 알린 경우, 회사가 통밀 그래놀라 바를 다음 월간 박스에 넣지 않을 거라고 틀림없이 기대한다. 이 문제를 해결하기 위해 컨셔스 박스는 상자를 클래식, 글루텐 프리, 비건 이렇게 세 가지 버전으로 제공한다. 저 모든 고객 데이터에 일일이 반응하면 물류와 배송에도 문제가 생긴다. 고객이 원하는 것이 무엇인지 아는 것은 별개의 문제다. 그런데 여러분이 매 박스를 정시에 출고할 수 있을 만큼 제품을 충분히 가지고 있어야 하는 것은 더 큰 문제이다.

크레이트조이(Cratejoy)의 창업자 아미르 엘라귀지(Amir Elaguizy)에 의하면 저러한 물류 측면의 문제는 회사들이 크레이트조이 같이 전자상거래 플랫폼으로 전환하는 가장 큰 이유이다. 크레이트조이는 여러분이 공급업체로부터 제품을 얼만큼 주문해야 할지 알 수 있도록 고객들이 낼 돈이 모두 한 날 수금되도록 해준다. 크레이트조이는 또한 구독자가 구독을 변경할 수 있는 마감일을 만들어 그들을 잡아둘 수 있도록 해준다. 그리고 이것은 상자가 여러분의 유통 센터를 떠나는 출고일과도 관계가 있다.

여러분이 고객 선호도와 그들의 실제 위치를 켜켜이 쌓아놓으면 이러한 사업에 존재하는 배송의 복잡성이 더 심각해질 수 있다. 그래서 여러분이 성공하려면 물류에 문제가 없어야 하거나 혹은 그런 사람과 협력을 맺어야 한다.

서프라이즈 박스 모델은 어떤 경우에 효과가 가장 좋은가

여러분이 다음의 경우라면
서프라이즈 박스 모델을 고려해 보라.

- 열정적이고 확실하게 정의된 시장의 소비자들이 있는 경우
- 일회성 주문에도 대폭 할인을 제공할 수 있으며 그것을 처리할 능력이 되는 다양한 제조업체들로 구성된 대형 네트워크를 보유한 경우
- 실제 제품을 배송하는 계획을 처리할 수 있는 능력이 되는 경우
- 트로이의 목마 유형의 대형 전자상거래 사이트를 구축하는 데 구독 서비스를 이용하고자 하는 경우

내부 관계자의 조언
- 사람들이 구독을 하는 가장 큰 이유는 무언가 새로운

것을 발견하는 기쁨이다. 매달 어떻게 새로운 상품으로 구독자들을 계속 놀라게 할지 그 방법을 생각해 보라.

• 물류와 주문 처리 문제를 가볍게 보지 마라. 구독자들로부터 수집한 데이터가 많으면 많을수록 구독자들은 여러분이 보고된 자신의 선호도에 따라 제품을 보내주며 자신의 경험에 맞는 서비스를 해줄 것이라 더 많이 기대하게 될 것이다.

9장

기술은 여러분의 삶을 단
순하게 만들어줄 것으로 기대되었다. 그래서 내가 압도되
는 느낌인가?

내가 어렸을 때는 텔레비전에 다이얼이 달려 있었다. 실
제로 나는 11개 채널 중에서 채널을 바꾸려면 소파에서 일
어나야 했다. 얼마안가 우리에게 리모컨이 생겼다. 더 이
상 소파에서 일어나지 않아도 되었다. 채널이 30개 이상
크게 늘어났기 때문에 아주 다행스러운 일이었다.

요즘에도 여전히 TV가 있다. 그렇지만 더 복잡해졌다.
선택할 수 있는 채널이 수백 개나 된다. 그리고 넷플릭스
나 훌루(Hulu), 아이튠즈 등에서 TV 프로그램이나 영화도
볼 수 있다. 그리고 이것은 콘텐츠에 그치지 않는다. 하드

웨어도 스피커나, 서브우퍼, 앰프, 그 비슷한 것들 등 스파게티 볼처럼 복잡하게 많다. 좀 지나치다 싶을 정도다.

자동차에는 손잡이가 달려 있었다. 이제는 자동차에 내장 컴퓨터가 탑재되어 있어 에어컨을 켜거나 문을 잠그는 것에 이르기까지 무엇이든 하려면 방법을 익혀야 한다.

우리가 아이 때는 저녁에 가로등이 켜질 때까지 놀곤 했다. 하지만 오늘날 우리 아이들에게는 프로그램이나 수업, 팀이라는 끝도 없는 퍼레이드가 펼쳐져 있다. 이들은 모두 각자의 규칙과 과정, 가이드 라인, 승인 양식이 있다. 이제 자녀를 그저 액티비티에 내려주고 데려오는 일로 구성된 일련의 업무를 조정하려면 부모들에게 물류학 석사 학위가 있어야 할 정도이다.

옛날에 여러분은 은행 창구에 가야 했고 은행원은 은행 시스템과 접속하는 사람이었다. 이제 온라인 은행 업무가 가능해 은행직원에게 가지 않아도 되지만 여전히 익혀야 할 시스템은 존재하고 있다.

시스템 과부하

따로 떼놓고 생각해보면 어떠한 시스템도 보통 사람이 익히지 못할 정도로 아주 복잡하지는 않다. 개개인이 매일 사용해야 하는 시스템의 숫자가 문제인 것이다. 이것은 대체로 과하게 프로그램화된 삶과 결합되어 우리의 정신에 과부하를 일으킨다. 그런 일이 생기면 우리는 스케줄을 짜고, 계획하고, 시간을 관리하는 일을 우리 기술에 맡기고 싶어진다.

더 많은 증거가 필요하다면 우리가 일상을 정리하는 데 도움을 주도록 디자인된 생산성 앱이 일약 유명해진 것을 보자. 애니닷두(Any.do)라는 할 일 목록 앱은 2012년에 5십 5만 명이던 사용자가 다음 해에 5백만 명으로 늘어났다. 또 다른 할 일 목록 관리자인 운더리스트(Wunderlist)는 2011년 1백 5십만 명이던 사용자가 2013년 말 5백 5십만 명으로 많아졌다.

대형 기술 기업들은 사람들이 문제를 해결하고 스트레

스에서 벗어나는 데 도움을 주는 데 상당한 돈을 쓰기 시작했다. 2013년 가을, 애플은 개인 비서 앱 큐(Cue)를 4천만 달러에 인수했다. 또한 2013년에는 드롭박스(Dropbox)가 메일박스(Mailbox)라고 불리는 받은편지함 관리 앱에 1억 달러를 지불했다.

우리의 집단 두뇌에 있는 하드 드라이브는 과부하되기 직전의 위험스러운 상태에 놓여 있다. 이로 인해 내가 단순화하기라고 부르는 구독 서비스 모델이 등장한 것이다. 단순화하기 모델로 여러분은 고객들의 할 일 목록에서 계속 해야 하는 일을 덜어준다. 내가 이 책에서 소개하고 있는 모든 유형의 구독 서비스 모델처럼 단순화하기 모델은 벤처 펀드 기술 스타트업을 위해 반드시 따로 남겨둘 필요는 없다. 사실상 바쁜 고객들에게 서비스를 제공하는 모든 회사들은 단순화하기 구독 서비스의 혜택을 볼 수 있다. 그리고 고객들이 돈이 많으면 많을수록 단순화에 대한 니즈는 더욱 클 것이다.

구독 서비스를 받는 여러분의 집

프랭크 이슬람(Frank Islam)과 그의 아내 데비 드리스맨 (Debbie Driesman)의 예를 들어보자. 2007년 이슬람은 QSS 그룹을 2억 5천만 달러에 판매한 것으로 보고되었다. 횡재 를 한 이슬람과 드리스맨은 메릴랜드 포토맥에 1,300평 규 모의 프랑스식 저택에 영감을 받은 트로피 하우스를 지었 다. 이 집에는 침실 14개, 욕실 22개, 영화관, 체육관, 그리 고 샹들리에가 60개나 있었다.

교체할 전구만도 아주 많았다. 이것이 이슬람과 드리스 맨이 월정액을 받고 주택 소유자의 할 일 목록에 산더미 처럼 쌓여 있는 반복되는 일을 대신 처리해주는 클래식한 '단순화하기' 구독 비즈니스인 하슬 프리 홈 서비스(Hassle Free Home Services)라는 프로그램에 가입한 이유이다.

하슬 프리 홈 서비스는 주택의 크기에 따라 H.O.M.E (Home Ownership Made Easy) 가입비를 책정한다. 기본 침실 네 개짜리 집은 월 350달러에 운영된다. 가입자에게는 일

년 내내 집을 관리해줄 기술자가 배정된다. 기술자는 매달 집의 화재 경보 시스템 배터리부터 보일러 필터가 제대로 작동하고 있는지까지 모두 확인하는 100점짜리 점검을 통해 여러분의 집을 살펴볼 것이다. 뭔가 교체할 것이 있으면 기술자가 처리하고 교체 부품 값은 여러분이 매달 내는 회비에 모두 포함된다.

짐 베이고니스(Jim Vagonis)는 자기 집을 쉽게 관리할 수 있도록 하기 위해 워싱턴 DC 지역을 기반으로 하슬 프리 홈 서비스를 시작했다. 나는 베이고니스에게 고객들이 H.O.M.E 프로그램에 가입하는 이유가 무엇인지 물어보았다. '집 주인들은 일터에서 돌아와 긴장을 풀고 매일 해야 할 일 목록에 있는 귀찮은 일에서 벗어나 집에서 쉬고 싶을 뿐이에요.'라고 그는 대답했다.

베이고니스 자신은 구독 비즈니스 모델의 예측성을 즐긴다. 전형적으로 도급업자들은 16시간 일을 하고 한 동안 불완전 고용상태로 지내는 롤러코스터 같은 삶을 산다. 반대로 하슬 프리 홈 서비스 연간 재계약률을 90%이다. 그렇기 때문에 베이고니스는 필요한 노동력을 정확하게 예측해 미래 상황에 맞춰 사업을 계획할 수 있다. '저는 1월에 자리에 앉아서 직원들이 7월에 몇 시간 일해야 할지 알려 줄 수 있습니다.'라고 베이고니스는 말한다.

연쇄 판매와 교차 판매 구독자들

많은 구독 서비스 모델처럼 단순화하기 모델 구독 서비스에 내재된 고객 접촉 빈도는 연쇄 판매와 교차 판매 가입자들에게 아주 좋은 것이다. 하슬 프리 홈 서비스의 경우 월별 현장 점검은 완료된 작업과 계획된 작업에 대한 이메일 요약과 문서, 알림으로 보완된다. 모두가 말하기를, 베이고니스는 자신이 매주 하나 이상의 방법으로 고객들과 연락을 취하는 것으로 추정한다.

시간이 지나면서 그러한 소통이 쌓여 친밀감이 생긴다. 그것은 가입자들이 하슬 프리 홈 서비스가 관리해야 하는 모든 주택 관련 작업을 신뢰하게 된다는 것을 의미한다. 100포인트 월간 점검에서 실시하는 일반 서비스 테두리 바깥에 속하는 규모가 큰 작업이 발생하면 베이고니스는 종종 전화를 받게 된다. 그리고 추가 비용을 받고 업무를 처리한다. 경쟁자 셋이서 견적서를 제출해야 하는 전형적인 도급업체들과는 달리 베이고니스는 주택 소유자들과 관계를 계속 이어가고 있기 때문에 대개 유일한 입찰 참가자가 된다.

요즘 하슬 프리 홈 서비스의 매출 중 절반은 일반 도급 업무에서 발생한다. 그리고 그러한 프로젝트 대부분은 베이고니스가 계약을 따내기 위해 수익을 덜어내야 하는 경쟁에 참가해 유치한 것이 아니다.

설정하고 잊어버려라

단순화하기 모델은 두 가지를 약속한다. 고객의 할 일 목록에서 할 일을 덜어내 줄뿐 아니라 처리해야 할 일을 고객에게 알려주는 존재가 되는 것이다. 우리가 압도되었다고 느끼는 이유 중 한 부분은 할 일 목록의 길이고 다른 부분은 해야 할 일과 약속을 모두 기억해야 하는 것이다. 기억하는 것은 우리의 정신이라는 하드 드라이브의 공간을 잡아먹는다. 그것 때문에 우리는 염려하고 주체할 수 없는 감정에 휩싸이게 된다.

우리는 버지니아 리치몬드에 있는 모스키토 스쿼드라는 회사를 2장에서 만났다. 이 회사는 여러분의 뒷마당에 정기적으로 식약청에서 승인한 안전한 화학적 배합물을 뿌려 테라스에서 벌레를 퇴치해 준다.

모스키토 스쿼드가 필요할 때 여러분은 전화를 걸지 않는다. 대신 모스키토 스쿼드는 가입 기반으로 운영된다. 이제 여러분은 뒷마당에서 크게 파티를 열기 전날 철물점에서 시트로넬라 양초를 사는 걸 기억하지 않아도 된다. 모스키토 스쿼드와 맺은 연간 계약으로 여러분의 뒷마당은 이미 해충 안전지대가 된 것이다. 여러분의 삶은 더 단순해진다. 그리고 모스키토 스쿼드 가맹점의 삶도 그러하다. 그들은 매년 연간 분사 계약 중 4분의 3을 갱신한다.

전형적인 모스키토 스쿼드의 가맹점은 연 매출이 5십만 달러 미만으로 소유자가 직접 운영하는 회사이다. 아주 작은 개인 서비스 사업은 대개 다음 달 매출이 어디서 나올지 걱정하면서 하루 벌어 하루 먹는 삶을 산다. 반대로 일반적인 모스키토 스쿼드 가맹점은 올해 계약의 자동 갱신을 통해 내년 매출의 73%가 어디서 발생할지 알고 있다. 이 순환 매출 기반이 이러한 작은 회사들이 20%에서 30%의 세전 수익을 낼 수 있는 커다란 이유다.

단순화하기 모델은 많은 산업에서 통한다. 고객들은 전화하는 것을 기억하지 않아도 된다. 대신 전문적인 잔디 관리 회사가 고객의 잔디를 일주일에 한 번 깎아준다는 것을 알고 순환 계약을 맺는다. 잔디가 정리될 뿐 아니라 여러분이 더 이상 그 일을 기억하지 않아도 되는 것이다. 이와 마찬가지로, 현명한 수영장 관리 회사는 고객이 화학약품 균형을 맞추는 것을 깜박하는 바람에 수영장이 녹색으로 변해 정신없이 점포로 달려올 때까지 기다리지 않는다. 대신 여름 내내 수영장 개장이나 정기 청소, 화학 균형 유지를 담당하고 가을에는 수영장 폐장까지 끝내는 연간 유지 관리 계약을 고객과 맺는다.

'설정하고 잊어버려라'라는 가치 제안에는 어마어마한 가치가 있다. 여러분은 순환 매출과 안정적인 일거리를 얻고 고객들은 기억해야 할 해야 할 일이 덜어졌다는 것을 알게 되는 혜택이 주어진다.

단순화하기 모델은
어떠한 경우에 효과가 가장 좋은가

여러분이 다음과 같은 경우
단순화하기 모델을 고려해 보라.

- 고객이 지속적으로 필요로 하는 서비스가 있는 경우
- 비교적 부유하고 바쁜 소비자에게 판매할 능력이 되는 경우
- 반려 동물 털 손질이나 마사지, 강습, 창문 청소, 카펫 청소, 장부 정리와 같은 개인 생활 서비스 사업을 하는 경우

내부 관계자의 조언
- 타깃 고객을 인터뷰해서 여러분의 단순화하기 모델을 찾아라. 그녀에게 하루 일상을 설명하게 하고 할 일 목록을 적어달라고 하라. 그 목록에 있는 일 중 어떤 것을 대신 처리해 줄 수 있는지 자문해보라.

- 단순화하기 모델의 가치 제안의 일부는 고객 대신 여러분이 해야 할 일을 기억하는 것이다. 그러므로 서비스를 제공할 정기 스케줄을 설정해야 한다. 여러분이 매달 두 번째 화요일에 거기 갈 예정이라고 말하면 여러분이 다음에 언제 올지 궁금해 하는 고객의 머릿속 한 부분이 일을 하지 않고 쉴 수 있도록 그것에 전념하라.

- 계속 이어지는 서비스 계약은 교차 판매와 상향 판매의 플랫폼이 된다. 여러분이 서비스 계약과 연관된 업무를 해주다 보면 고객에게 다른 무엇을 제공할 수 있는지 알아볼 수 있는 확실한 수단이 생긴다. 서비스를 계약 한 건에 모두 담지 않아도 된다. 그냥 고객이 정기적으로 필요로 하는 것을 골라라. 그러면 그러한 일들이 그들에게 무슨 일이 있을 때 여러분이 가장 먼저 생각나도록 하는 플랫폼으로 작용할 것이다.

　　　　　　　　최초의 구독 비즈니스 모
델 중 하나는 1878년 코네티컷의 뉴 헤븐이라는 마을로 거
슬러 올라간다. 전화라는 새로운 기기가 최근에 발명되었
고 가입자 21명이 월 1달러 50센트를 내고 전화선을 받았
다. 3주 후, 이 새로운 서비스 가입자가 50명이 되었고 최
초의 전화번호부가 발행되었다. 목록에 오른 사람들은 대
부분 의사나 경찰, 우체국 같은 마을 관공서였다. 그리고
주민 11명이 목록에 있었다. 그중 4명은 전화회사 직원이
었다.

　한 개인이 전화 네트워크를 구축해 자신의 친척이나 친
구들 모두와 연결하는 것은 불가능했다. 하지만 마을에 충
분한 수의 사람들이 월 몇 달러를 내는 데 합류하는 경우
전화선을 제공해 네트워크를 구축할 돈이 전화회사에 충

분히 있었다. 그때 이후로 회사들은 값비싼 인프라를 부분적으로 사용할 수 있는 권한을 주는 데 네트워크 모델을 사용했다.

네트워크 모델을 정의하는 특징 중 하나는 비공개 클럽 모델과 달리 사람들이 많이 가입하면 할수록 가입의 유용성이 증대된다는 것이다. 여러분이 1878년 2월에 뉴 헤븐에 살았다면 전화를 걸 수 있는 유일한 사람들은 의사 2명과 보안관, 우체국뿐이었을 것이다. 1960년대 와서야 사실상 뉴 헤븐의 모든 가정에 전화와 전화번호부가 생겼다. 그리고 네트워크의 일부가 됨으로써 생기는 유용성은 기하급수적으로 성장해있었다.

사용자 마케팅

네트워크 모델을 독특한 것으로 만드는 것은 구독하는 사람이 더 많아질수록 모든 이에게 더 많은 혜택이 주어지기 때문에 사용자 자신이 구독 서비스를 홍보하는 데 앞장

선다는 점이다.

왓츠앱(WhatsApp) 메시지는 이동통신 회사의 네트워크 대신 인터넷을 통해 전달되므로 메시지 플랫폼 왓츠앱 가입자들은 연간 1달러에 무제한으로 메시지를 주고받는다.

왓츠앱 앱을 휴대전화에 다운받으면 다른 왓츠앱 사용자에게 무료 메시지를 보낼 수 있다. 이 전략이 효과가 있어 사용자 기반이 기하급수적으로 성장했다. 2014년 초 사용자들은 페이스북에 게시한 사진보다 더 많은 사진을 왓츠앱으로 공유하고 있었다. 그리고 페이스북이 왓츠앱을 190억 달러에 인수하겠다고 결정했을 때 이 서비스 사용자는 트위터 사용자의 2배나 많은 상태였다. 왓츠앱은 하루에 사용자를 1백만 명씩 추가하고 있었다. 왓츠앱 사용자들은 문자 메시지 비용을 절약한다. 그리고 그들은 친구들에게 가입하라고 부추긴다. 왓츠앱이 인수되던 당시 그 회사에는 마케팅 임원이 단 한명도 없었다.

밀도 주도적 서비스

왓츠앱처럼 집카도 친구들에게 서비스를 적극적으로 홍보하는 열정적인 가입자 기반을 보유하고 있다. 하지만 지금은 성공한 네트워크 모델 구독 서비스 회사가 된 집카의 길은 약간 험난했다.

이 회사는 로빈 체이스(Robin Chase)와 앤티에 다니엘슨(Antje Danielson)이 1999년에 시작했다. 다니엘슨은 베를린 여행에서 돌아왔다. 거기서 그녀는 독일과 스위스에서 사용되는 자동차 공유 제도에서 깊은 인상을 받았다. 두 동업자는 자동차 공유 모델을 북미지역에 들여오기로 결심했다.

모델은 단순했다. 여러분이 월 50달러를 연간 회비로 낸다. 그러면 여러분에게 집카의 자동차들 중 하나를 이용할 수 있는 권한이 주어진다. 그런 다음 여러분에게 시간 단위 혹은 일 단위로 시간제 자동차 요금이 부과된다.

2000년 6월 즈음 체이스와 다니엘슨은 엔젤 투자자로부터 5만 달러를 받아 보스턴에서 자동차 12대를 처음 리스했다. 두 동업자는 빠르게 확장해 더 많은 투자자들을 끌어 모았다. 2002년 말까지 집카는 보스턴과 뉴욕 시티, 워싱턴 DC에서 가입자를 최고 6,000명까지 보유했다.

하지만 짚랜드에서 모두가 행복한 것은 아니었다. 집카는 현금을 잃어가고 있었다. 체이스가 예상했던 시점에 자금조달에 실패하자 이사회는 CEO인 그녀를 기술 사업가 스코트 그리프스(Scott Griffith)로 교체했다.

CEO가 된 그리프스의 첫 행보 중 하나는 집카를 이용하려고 생각은 했지만 가입하지 않기로 한 사람들로 이루어진 일련의 포커스 그룹에게 수수료를 지급한 것이었다. 포커스 그룹은 관심을 가졌던 사람들이 가입자가 되지 않은 주된 이유는 자신들이 차를 원할 때 집카를 이용하지 못할수도 있다는 걱정 때문이었다.

당시 집카가 운영되는 모든 도시에서 가입자 층이 너무 얇게 분포되어 있었다. 그리프스는 다른 네트워크 모델 구독 서비스처럼 구독 가치 제안이 두터운 회원층과 함께 증대된다는 사실을 깨달았다. 한 지역에 가입자가 많을수록 차를 더 많이 제공할 수 있었다. 그것이 모든 이에게 훨씬 좋은 일이었다. 하지만 보스턴과 워싱턴, 뉴욕처럼 밀집 커버되는 도시들은 벅찬 과제가 되었다. 그리프스는 도시마다 자동차가 150대에서 200대 필요하다는 것을 알게 되었다. 또한 그는 수익이 나려면 자동차 한 대당 회원이 40명 필요하다는 것도 계산했다. 집카는 세 도시에서 운영되고 있었기 때문에 그가 생존하려면 가입자가 1만 8천 명에서 2만 4천 명 필요하다고 추정했다.

그리프스는 회원 1만 8천 명에서 2만 명이라는 큰 숫자에 집중하는 대신 각 도시를 더 작은 구역으로 나누어 한 번에 한 구역씩 밀도를 구축했다. 예를 들어 집카는 보스턴을 최대 12개 지리적 구역으로 나눈 다음 차를 준비하기 위해 지역별 인구 통계 연구에 투자했다. 보스턴의 부유한 비컨 힐 지역에는 볼보와 BMW를 배치했다. 진보성향이 강한 케임브리지 지역에는 대부분 토요타의 프리우스 하이브리드로 구성되었다.

집카는 또한 해당 구역에 사는 가입자들의 사용 패턴에 맞춰 구역별로 자동차를 배치했다. 보스턴의 백 베이 사용자들은 주말에 자주 케이프 코드로 차를 몰고 갔다. 그래서 집카는 자동차를 더 크고 안락한 것으로 배치했다. 하버드 스퀘어 가입자들은 짧은 거리를 위해 소형차를 원하는 대부분 학생들이었다.

자동차가 한 구역의 인구 통계학적 특성에 맞춰 배치되면 집카는 그 동네를 가입 유도 광고로 도배해 밀도를 구축했다. 해당 구역에 사는 사용자들의 직접적인 경험은 긍정적이었다. 그리고 그들은 친구들에게 이를 알렸다. 집카는 이 밀도 모델을 사용해 회사의 규모를 키웠다. 처음 시작했던 시장에서 성공을 거두자 집카는 확장해 나갈 수 있었다. 그리고 그것은 집카 회원들에게 가치 제안을 더욱 증대시켜주었다.

요즘 보스턴 가입자들은 동네에서 자동차를 찾을 뿐 아니라 볼티모어의 기차에서 혹은 영국 브리스톨의 비행기에서 내려 쉽게 집카를 찾을 수 있다.

그리프스는 네트워크 모델에 투자한 덕분에 어비스 버짓 그룹(Avis Budget Group)이 2013년 4억 9천 1백만 달러에 이 회사를 인수할 때 이 회사는 매출 최대 1억 달러 이상, 가입자 7십 6만 명인 회사가 되어 있었다.

네트워크의 역효과

여러분이 네트워크 모델을 이용하여 구독 서비스 비즈니스를 구축하는 데 도움을 주는 구전 광고 또한 역효과를 낼 수 있다.

흔히 MMORPG(멀티 플레이 온라인 롤플레잉 게임)로 불리는 장르의 판타지 어드벤처 비디오 게임 월드 오브 워크래프트(World of Warcraft)의 극적인 부상과 최근 저지른 실수를 들여다보자. MMORPG로 게임 세계에서 플레이어들은 수천 명이 동시에 서로 소통한다.

이 게임의 많은 콘텐츠는 위험한 몬스터들과 다양한 악

당들의 환상 세계를 함께 탐험하는 플레이어 그룹에 맞게 조정된다. 모든 네트워크 구독 서비스 모델처럼 여러분이 게임 중인 사람들을 많이 알면 알수록 모두가 더욱 더 즐거워진다.

월드 오브 워크래프트는 2005년 1백 5십만 명이던 가입자가 휘청거리기 전인 2010년까지 1천 2백만 명으로 크게 늘어났다. 그런데 일부 가입자들이 워크래프트가 우위를 잃고 다른 게임이 제공하는 경쟁력 있는 서비스를 따라잡지 못하고 있다고 느꼈다. 그들은 떼지어 떠났다. 2012년 1분기와 2012년 2분기 사이에 월드 오브 워크래프트는 가입자를 백만 명 이상 잃었다. 친구들에게 가입을 권유했던 그 사용자들이 이제는 월드 오브 위크래프트를 관두고 다른 게임으로 갈아타라고 말하고 있었다. 2014년 1분기에 월드 오브 워크래프트는 마침내 새로운 게임의 출시를 알리면서 출혈을 멈추고 가입 레벨을 안정화시켰다. 하지만 이미 피해를 많이 입은 터였다. 월드 오브 워크래프트는 이제 전 세계에 가입자 7백 6십만 여명을 보유한 게임으로 내려 앉아버렸다.

여러분이 네트워크 모델 구독 비즈니스를 구축하기 위해 일군의 가입자들의 지지에 의존할 예정이라면 그 네트워크를 구축하도록 도움을 준 구전 효과가 여러분에게 반하는 행동을 하기 전에 가입자들의 불만족에 재빨리 대응할 수 있도록 가입자들의 소리를 청취하는 시스템을 제대로 마련해 두어야 한다.

네트워크 모델은 어떤 경우에 효과가 가장 좋은가

여러분이 다음의 경우라면
네트워크 모델을 고려해 보라.

- 점점 많은 수의 사람들이 가입할수록 유용성이 증가하는 제품이나 서비스를 보유한 경우
- 여러분이 사람들이 공유하고 싶다고 느끼는 놀라운 경험을 제공할 때 네트워크 모델은 최상의 결과를 낸다. 말하자면 여러분의 제품이 대체품보다 5%정도 더 나은 경우, 이 모델은 최적의 모델이 아닐 가능성이 크다.
- 기술적인 지식이 풍부한 고객과 가망 고객을 보유한 경우. 고객이 사회적으로 아는 사람이 많을수록 여러분의 네트워크 비즈니스는 더 빠르게 성장할 것이다.

내부 관계자의 조언

- 네트워크를 구축하려면 가입자가 필요하지만 가입자
들을 유인하려면 네트워크가 필요하다. 얼리어답터
고객들로 단단히 구성된 소규모 모임에 제한된 자원
을 집중하라. 다음 시장으로 옮겨 가기 전에 밀도를
구축하라.

- 네트워크 모델은 자본금이 많은 기업이나 자금을 잘
모으는 기업가에게 적합하다. 집카는 처음 10년 동안
항상 현금에 목말랐다. 체이스와 다니엘슨은 엔젤 투
자자와 함께 시작했다. 그런 다음 2년 뒤에 두 번째 자
금 조달 시 4백 7십만 달러를 모았다. 운전대에 앉은
그리피스와 함께 2006년에 집카는 2천 5백만 달러를
모았고 2010년에는 2천 1백만 달러를 더 끌어들였다.
왓츠앱에서 창업자 잔 코움(Jan Koum)과 브라이언 액
튼(Brian Acton)은 2009년 시드 라운드 2십 5만 달러를
조달하여 사업을 시작 한 후 2011년에 8백만 달러를,
2013년 여름에는 5천만 달러를 더 끌어들였다.

- 좋은 소식은 일단 네트워크가 구축되면, 시장 진입 비
용이 여러분을 홍보하는 데서 혜택을 보는 행복한 사

구독경제 마케팅

용자 네트워크와 함께 잠재적 경쟁자들로부터 여러분을 보호해주는 방패가 될 수 있다. 여러분의 열정적인 사용자 기반의 구전 광고는 새로운 제품과 기능, 그들이 다음에 여러분이 제공해주기를 바라는 혜택에 대한 시장 조사를 무료로 제공함으로써 여러분을 성장으로 인도하고 연료를 공급하는 데 도움을 준다.

• 나쁜 소식은 고객이 만족에서 불만족으로 돌아서는 순간, 여러분이 네트워크 모델 구독 비즈니스를 성장시킬 수 있도록 도움을 주었던 바로 그 강력한 힘이 여러분에 맞서는 일을 하기 시작할 수 있다는 것이다.

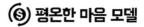

11장

개를 키우는 사람들은 항
상 개를 잃어버릴까 봐 걱정한다. 스컹크 냄새가 한 번 휙
지나가면 여러분이 개가 없어졌다는 걸 알아차리기도 전
에 개는 반 블록도 더 내려가 있을 수 있다.

그것이 태그(Tagg)가 진입한 지점이다. 태그는 2013년
여름, 가입자 3만 명을 보유한 무선 업계 거대 기업 퀄컴
(Qualcomm)의 자회사 스냅트랙스(Snaptracs)가 시작한 반
려동물 추적 서비스다. 태그를 이용하면 휴대전화로 로버
를 감시할 수 있다. 먼저 여러분은 버라이즌 와이어리스
(Verizon Wireless)나 베스트 바이(Best Buy) 같은 소매업체에
서 목걸이를 산다. 그러고 나서 월 7달러 95센트에 감시 서
비스를 시작한다. 개가 특정 지역(여러분이 지정한)을 벗어나
면 스마트 폰에 경보가 뜬다.

태그는 내가 마음 편하게 하기 모델이라고 부르는 모델의 한 예이다. 그리고 태그는 여러분의 고객이 전혀 필요하지 않기를 바라는 무언가에 대한 보험을 제공한다. 여러분은 고객이 여러분을 필요로 할 때 그들을 돕기 위해 거기 있다. 하지만 그렇지 않으면 그들이 가는 길에서 벗어나 있어야 한다. 여러분은 전화가 왔을 때 서비스를 전달하는 데 드는 비용보다 더 많은 금액을 구독 서비스 매출로 청구하여 생기는 돈을 번다. 또한 고객들이 여러분의 서비스를 필요로 하기 전에 주는 돈을 받아 다른 데 투자함으로써 수익을 올릴 수도 있다.

여러분 업계에서 효과가 있을 것인가?

사람들이 신경 쓰는 것을 판매하는 경우 여러분의 구독 서비스 비즈니스에 마음 편하게 하기 모델을 고려해 볼 수 있다.

여러분은 ADT 같은 가정 보안 회사에 가입을 하면 그 회사가 필요할 때 그들이 올 거라는 사실을 알고 있기 때문에 누릴 수 있는 마음의 평화를 받는 대가로 월 몇 달러를 낸다.

여러분의 차가 어디에 있는지 감시하고 도난당한 경우 차의 위치를 제공받고 싶으면 로잭 도난 차량 찾기 시스템(LoJack Stole Vehicle Recovery System)에 가입하면 된다.

사람들은 또한 노트북에도 신경을 쓴다. 연 39.99 달러를 내고 로잭의 노트북 서비스에 가입하면 로잭이 맥북을 지켜줄 것이다. 로잭은 앱솔루트 소프트웨어(Absolute Software)와 협력을 통해 여러분이 항상 노트북의 위치를 정확히 알 수 있도록 노트북을 추적할 것이다.

로잭은 제품 모니터링 판매를 넘어 사람 모니터링도 판매하며 잘 나가고 있다. 여러분의 아버지가 알츠하이머로 고생 중이라 월 30달러를 내고 로잭의 세이프티넷(SafetyNet)에 아버지를 연결시켜두면 된다. 그러면 아버지가 실종되더라도 GPS가 작동되는 손목 밴드를 통해 위치

를 추적할 수 있을 것이다

마음 편하게 하기 모델의 문제 중 하나는 고객이 얼마나 자주 여러분의 서비스를 필요로 할 것인지 예측하는 것이다. 너무 적게 예측하면 여러분은 보험료로 거둔 것보다 더 많은 비용을 쓰게 될 것이다. 너무 높게 예측하면 고객들을 더 낮은 금액으로 모시겠다거나 고객에게 모든 보험을 건너뛰는 것을 의미하는 '자가 보험'을 들게 하는 경쟁자들을 허용하게 될 수 있다.

1년이라는 짧은 기간을 돌아보면 가격을 설정하는 데 도움이 될 수 있다. 여러분이 한 해를 처음부터 끝까지 돌아봤을 때 일반 고객이 얼마나 자주 여러분을 호출했는가? 그리고 서비스 호출에 응하는 데 든 비용은 무엇이었는가? 여러분이 제공된 서비스에서 치를 것이라고 기대하는 것보다 보험료로 더 많은 돈을 청구한다면 고객이 예상한 것보다 더 자주 호출을 하더라도 여러분이 계속 해당 거래에서 자신의 의무를 이행해야만 하는 위험을 감수하면서 벌어들인 금액인 보험 이익을 벌게 될 것이다.

기업도 마음의 평화를 구매한다

마음의 평화를 구매하는 것은 소비자만이 아니다. 기업들도 모니터링과 절대 필요할 일이 없기를 바라는 보험의 보장성을 구매한다.

사이트24*7닷컴(Site24*7.com) 같은 웹사이트 모니터링 회사는 여러분의 웹사이트가 다운되지 않도록 감시한다. 그리고 문제가 생기는 즉시 여러분은 그 사실을 전달 받는다.

누군가 트위터에서 여러분의 회사를 비방하는 경우, 레디언6(Radian6) 팀이 여러분에게 경고를 보낼 것이다. 레디언6는 2011년 같은 구독 서비스 회사인 세일즈포스닷컴에게 인수되기 전, '온라인 평판 모니터링 및 관리' 분야를 개척한 회사였다.

혼다나 시스코(Cisco) 같은 회사들은 사람들이 자신에 대해 어떤 이야기를 하고 있는지 알아보고 온라인에서 나쁜 소문이 떠돌면 자신의 입장을 설명하기 위해 레디언6를 통해 소셜 네트워크에서 일어나고 있는 자신의 브랜드에 대한 대화를 듣는다.

다른 보험처럼 구독용 마음 편하게 하기 모델은 재난이 발생했을 때 보호받을 거라는 사실을 알고 마음이 편해지는 것을 판매한다. 이것은 소비자와 기업 양쪽 모두에게 판매 효과가 있지만 여러분 업계에 이것을 적용하려면 보험 회사들이 어떻게 돈을 버는지 아는 것이 도움이 될 것이다.

플로트의 마법

사람들은 대부분 보험업자들이 실제로 청구된 보험금을 지불하는 것보다 보험료로 더 많은 돈을 청구함으로써 쉽게 수익을 낸다고 생각한다. 이 보험 이익도 중요하지만 실제 돈은 플로트라 불리는 것에서 발생한다.

보험 이익은 산출된 보험료와 지불된 청구금 사이의 차다. 플로트는 여러분이 사람들이 보험금을 청구하기 전에 보험료로 지불한 현금을 투자해서 번 돈이다.

워렌 버핏(Warren Buffet)은 2009년에 버크셔 해서웨이 (Berkshire Hathaway) 주주들에게 보낸 서신에서 자신이 플로트를 사용하는 방법을 설명했다.

우리 플로트는 사업을 시작했던 1967년 1천 6백만 달러에서 2009년 말 6백 2십억 달러로 늘어났습니다. 더욱이 우리는 현재 7년 연속 보험 이익으로 운영해 오고 있습니다. 저는 우리가 대부분, 확실히 전부는 아니더라도 앞으로 몇 년 동안 수익을 내면서 보험을 계속 인수할 가능성이 높다고 믿습니다. 그렇게 한다면 마치 누군가 이자를 받지 않고 우리가 우리 이익을 위해 투자할 수 있는 돈 6백 2십억 달러를 우리에게 맡겨놓기라도 한 것처럼 우리 플로트에는 비용이 들지 않을 겁니다.

여러분의 비즈니스에는 약간 지나치게 복잡한 것처럼 들리는가? 그렇게 생각할 필요 없다. 여러분이 지붕을 설치하고 마음 편하게 하기 구독 서비스를 제공하기로 결심했다고 상상해보자. 월 20달러를 내면 고객의 지붕이 손상 되거나 수리해야 하는 경우 여러분이 자신의 비용으로 고 쳐주는 것이다.

1년 후, 고객이 전화를 걸지 않았다고 가정하면 여러분 은 240달러(20달러×12)를 고스란히 버는 것이다. 당신은 주 머니에 240달러를 넣어두거나 투자에 사용할 수 있다. 대 형 보험 회사는 이 '플로트'를 주식 시장에 투자할 것이다. 하지만 여러분은 240달러를 사업에 투자하거나 밴을 구매 하는 데 쓸 수도 있다.

같은 시나리오가 4년 더 지속된다고 상상해보자. 여러분 은 매년 240달러를 거둬들이고 그것을 사업에 투자한다. 그리고 고객들은 보험금을 청구하지 않았다. 이제 여러분 은 총 1,200달러를 수금했다. 6년 째 되는 해, 고객이 와서 지붕을 고쳐달라고 전화를 한다. 지붕이 태풍에 파손됐다 는 것이다. 수리하는 데 800달러가 든다.

고객은 서비스 호출 한 번에 아무런 비용도 지불하지 않고 지붕을 고쳐서 기분이 좋다. 400달러(1200달러-800달러)의 보험 이익을 벌었으므로 여러분도 만족스럽다. 하지만 여러분이 실제로 번 것은 더 크다. 왜냐하면 여러분은 이자 없이 고객의 돈 1200달러를 가지고 사업에 투자하고 있었기 때문이다. 여러분은 고객의 지붕 교체를 보장하는 위험을 감수해왔으며 그러한 내기를 건데 대해 보상을 받아야 한다. 이 수리 작업은 3,000달러가 들 수도 있고 그러면 여러분은 1,800달러(1,200달러-3,000달러)라는 보험 손실을 감수해야 한다.

위험을 계산하는 것이 마음 편하기 모델 비즈니스를 운영하는 데 있어 가장 기본적인 문제이다. 대형 보험 회사들은 통계 모델을 사용하여 보험금 청구 가능성을 예측하는 일군의 보험 계리인을 고용한다. 여러분은 그렇게까지 과학적이지 않아도 된다. 대신 여러분이 보장하며 설치했던 지난 20개의 지붕을 돌아보고 여러분이 처리해야 할 서비스 요청이 얼마나 될지 계산하라. 그러면 마음 편하게 하기 구독 서비스를 제공할 때 발생 가능한 리스크에 대해 꽤 많은 것을 알게 될 것이다.

여러분은 보험 계리인도 아니고 MIT에서 수학 박사 학위를 받은 것도 아니라고 가정하면 마음 편하게 하기 구독 모델에 천천히 투자하는 것이 아마 현명한 생각일 것이다. 여러분은 수많은 방법으로 리스크를 제한할 수 있다.

- 여러분이 서비스 청구가 얼마나 자주 일어날지에 대해 감을 잡을 수 있도록 마음 편하게 하기 구독 서비스를 소수의 고객들에게만 제공하라.
- 고객 서비스를 제한하라. 지붕 수리하는 사람은 수리를 일정 금액까지 하겠다는 제안을 하거나 미리 정한 몇 가지 이유로 발생한 손상만 수리하겠다고 제안할 수 있다.
- 예기치 않은 수의 서비스 요청에 대해 여러분을 커버해주는 여러분 자신을 위한 보험 정책을 구매하여 위험에 대해 재보험을 들라.

구독경제 마케팅

마음 편하게 해주기 모델은
어떤 경우에 효과가 가장 좋은가

여러분이 다음의 경우라면
마음 편하게 해주기 모델을 고려해 보라.

- 대체하기 어렵거나, 비용이 많이 들거나, 불가능한 것
을 보유한 경우
- 현금을 써버리는 것보다 여러분의 기존 자산에 투자
함으로써 서비스 요청 비용을 흡수할 수 있는 사업의
경우. 지붕 수리의 예를 보면 여러분은 지붕 설치를
위해 이미 직원과 사다리, 트럭을 보유하고 있다. 그
래서 서비스 요청을 처리하는 비용을 최소화할 수도
있다.

내부 관계자들의 조언

- 리스크를 제한하라. 보험은 자유 화폐처럼 보일 수 있
지만 고객이 요청하는 경우 약속을 지키기 위해 자원

과 기반 시설을 확실히 보유하고 있어야 한다.

• 마음 편하게 해주기 모델은 고객들에게 미리 서비스하기로 하는 서비스 계약을 맺는 단순화하기 모델과는 다르다. 마음 편하게 해주기 모델에서는 고객이 그것을 필요로 하는 경우에만 도와주는 보험 서비스를 제공하고 있다.

여러분 자신의 비즈니스에서

9가지 구독 서비스 모델 이용하기

9가지 구독 서비스 모델이라는 내 목록은 확실히 불완전하다. 여러분은 내가 놓친 완전한 모델들이나 사례로서 언급될만한데 내가 빼먹은 회사들이 있다고 주장할 수도 있다. 또한 시간이 지나면서 우리가 아직 고려한 적이 없는 새로운 모델이 등장하는 것을 보게 될 것이라 확신한다.

하지만 나는 다양한 구독 서비스 모델을 살펴봄으로써 여러분이 자신의 구독 비즈니스를 시작하거나 기존 사업에 약간의 순환 매출을 보완할 가능성을 몇 가지 적어 볼 수 있기를 바란다. 나는 여러분이 클라우드 기반 소프트웨어 회사와 미디어 거인들이 구독 서비스 비즈니스를 개척해왔지만 그것은 법률 사무실을 소유하고 있든 커피숍이나 데이 케어 센터를 소유하고 있든 여러분도 투자할 수 있는 모델이라는 데 동의해주길 바란다.

다음으로 실제로 구독 서비스 비즈니스를 구축하는 힘든 작업을 깊이 한번 파헤쳐보자.

구독경제 마케팅

제3부

자신의 구독 비즈니스 구축하기

많은 전통 기업들이 소유주의 성격이라는 힘을 바탕으로 성공을 이루었다. 판매가 떨어지면 소유주는 자신의 네트워크에 투자하고 비즈니스를 새로 시작한다. 고객이 만족하지 않으면 자신의 외교력을 이용하여 상황을 해결하는 사람은 바로 소유주다. 하지만 구독 비즈니스는 비즈니스의 구조와 성격이 대개 한 번에 몇 안 되는 고객을 처리하는 쪽에서 구독자라는 더 큰 그룹을 효율적으로 다루는 쪽으로 비교적 빨리 옮겨가리라는 것을 의미한다.

나는 이제껏 사업을 몇 번 시작해 봤다. 라디오 생산 업체와 디자인 업체, 이벤트 회사, 양적 연구 회사, 소프트웨어 회사를 해 봤다. 지금은 두 번째 구독 서비스 회사를 경영하고 있다. 그리고 구독 비즈니스가 다른 것들보다 여러 가지 방식으로 더 많은 보상을 제공하고 있지만 여러 면에서 문제가 더 많기도 하다.

은유적으로 말하면, 구독 비즈니스는 두뇌를 더 많이 필요로 하지만 전통 기업은 체력을 더 필요로 한다.

구독 비즈니스에서는 여러분이 내린 모든 결정이 한 번에 가입자라는 기반 전체에 영향을 끼친다. 메일 하나를 보내는 것으로 대량 해지 사태를 빚을 수도 있다. 여러분은 청구서 몇 개를 수금하는 게 아니라 어쩌면 유효 기간과 사용 한도가 각각 다른 수천 장의 신용 카드에 청구할 수 있는 방법을 알아내야 한다. 더 많은 고객 데이터를 수집하는 것은 좋은 일이지만 여러분의 구독 비즈니스에는 수집된 데이터가 너무 많아서 어떤 정보가 중요하고 어떤 정보는 그저 쓰레기인지 구별해 내야 한다. 여러분을 지적으로 도발하는 것은 바로 한 뭉치의 복잡성이다.

이 책의 마지막 부분은 나와 내가 인터뷰한 많은 구독 비즈니스 운영자들이 구독 기반 매출 흐름을 시작하고 구축하면서 배운 험난한 교훈 중 일부를 통해 여러분이 지름길을 발견하는 데 도움을 줄 수 있도록 계획되었다.

　　　　　　　　　　　　구독 비즈니스를 구축하는
데 있어 가장 어려운 면 중 하나는 성장을 측정하는 방법
의 기본을 다시 배워야 한다는 것이다.

　전통적으로 여러분은 아마 손익(P&L) 계산서를 통해 사
업을 측정해왔을 것이다. 손익 계산서에서는 여러분이 판
매하는 것이 무엇이든 그것을 만드는 데 드는 비용과 다른
비용을 제한 후 번 돈이 계산된다.

　구독 비즈니스에서 여러분은 한정된 제품을 판매하는
대신 본질적으로 시간이 지나면서 여러분의 제품이나 서
비스를 사용할 수 있는 권한을 빌려주고 있다. 이것은 회
계사가 구독 서비스를 통해 벌어들이는 매출을 여러분과
고객 간의 계약 기간 동안으로 분산시킨다는 것을 의미한

다. 여러분이 구독 모델로 전환하는 순간 손익 계산서는 상태가 아주 나쁘게 보이기 시작할 것이다.

전형적인 소프트웨어 회사가 전통적인 비즈니스에서 구독 비즈니스로 전환한 후 이 회사의 손익 계산서가 어떻게 변하는지 한 번 알아보자. 낡은 모델에서는 소프트웨어 회사라면 노골적으로 고객에게 제품을 판매하려고 할 것이다. 고객들은 실제 제품 상자와 그들이 영원히 보관하게 될 몇 가지 설치 CD를 받게 될 것이다. 고객이 비용을, 말하자면 소프트웨어에 1,000달러를 지불하면, 판매한 회사의 그달 손익 계산서 매출란에 1,000달러가 기재된다.

구독 서비스 모델로 전환한 회사는 고객들이 소프트웨어를 구매하는 대신 빌려 쓰도록 한다. 같은 소프트웨어를 빌려 쓰는 데 매달 99달러가 든다고 가정해 보자. 이제 회사가 판매를 하면 그달 매출란에 1,000달러가 기재되는 대신 겨우 99달러만 보고된다. 이 금액은 구식 모델을 사용하는 손익 계산서에 기재되는 금액의 겨우 10분의 1이다.

물론 일 년이라는 기간 동안 매달 99달러를 받아서 얻는 경제적인 이득은 1,000달러라는 일회성 뭉칫돈보다 훨씬 더 크다. 하지만 심리적으로 구독 모델로 전환하는 것은 매달 손익 계산서의 검정색 맨 아랫단을 보는 데 익숙한 회사나 소유자에게는 괴로운 일일 수 있다.

구식 측정 기준을 새로운 게임에 적용하는 현상은 컨설팅 회사를 구독 모델로 전환하려 했던 나의 첫 시도가 실패하는 데 기여한 요소였다. 우리는 뱅크 오브 아메리카 (Bank of America)나 IBM, 웰스 파고(Wells Fargo)와 같이 우량 고객에게 서비스를 제공하는 성공한 프로젝트 기반 컨설팅 회사를 구축했다. 일반적인 프로젝트는 몇 달이라는 기간에 컨설팅 비로 5만 달러를 만들어냈다. 그러므로 우리의 손익 계산서에서 5만 달러짜리 프로젝트는 우리가 업무를 진행했던 기간인 2달에 걸쳐 25,000 달러로 두 번 나타났다. 일반적으로 한 달에 우리는 세전 이익이 20%에서 30% 중간 정도의 수익을 보여주었다.

반복적으로 판매하고 서비스를 실시하는 식으로 기업에

접근하는 다람쥐 쳇바퀴에 지칠 대로 지친 우리는 구독 서비스 모델로 전환했다. '일회성' 컨설팅 대신에 약 3만 달러 정도의 연회비를 받고 가입 기반으로 조언을 하고 연구를 진행해 주기로 했다. 비즈니스 모델을 전환하자 건전해 보였던 손익 계산서가 최악으로 보였다. 일반적으로 인정되는 회계 원칙(Generally Accepted Accounting Principles, GAAP)에 따르면 구독 서비스는 구독자의 생애에 걸쳐 똑같이 분할되어 손익계산서에 반영된다. 우리는 판매를 하고 작업을 한 그 달에 발생한 매출 2만 5천 달러를 보는 게 아니라 매달 연 3만 달러짜리 구독 서비스의 월별 구독료 2,500달러를 보게 되는 것이다.

하룻밤 사이에 장부상으로는 돈을 벌다가 왕창 잃게 되었다. 우리는 비즈니스 모델을 바꿨기 때문에 단기적으로 손해를 보는 것은 당연하다고 말하면서 첫 번째 달의 손실을 합리화했다. 두 번째 달도 손실을 보게 되자 회계사가 우리가 무엇을 바꿨으며 왜 명백히 지는 전략에 그렇게 중점을 두는지 물어보기 시작했다. 세 번째 달에도 손실이 생기자 완전히 정신이 나갔다. 판매된 구독 서비스

수와 관계없이 우리는 여전히 손익계산서상 손실을 보고 있었다.

넷째 달이 되자 나는 손익 계산서가 다시 건전해 보이도록 하기 위해 프로젝트 기반 컨설팅 서비스를 제안하는 쪽으로 돌아섰다. 몇 달 후 우리는 고객 컨설팅과 구독 서비스를 모두 제공하면서 두 모델을 병행했다. 고객들이 일회성으로 우리 서비스를 살 수 있다는 걸 알게 되면서 구독 서비스 모델에 냉랭해졌고 결국 우리는 구독 서비스를 모두 접어야 했다. 손익 계산서에서 빨간 색에서 검정색으로 바뀐 숫자를 보자 정말로 기분이 좋았다. 내가 알지 못한 것은 좋다고 느끼는 것도 엄청나게 틀릴 수 있었다는 것이다.

그때 내가 깨닫지 못한 것은 구독 서비스 모델을 접음으로써 우리를 가치 있는 회사로 전환시킬 수 있는 전략에서 멀어지고 말았다는 것이다. 판매와 서비스 실시를 반복하는 컨설팅 회사와 달리, 고객에게는 사실상 가치 없는 일이지만 우리는 순환 매출을 구축하고 있었던 것이다. 게다가 우리는 가입비 3만 달러를 선불로 청구했기 때문에 현금 흐름도 좋았다. 그저 내가 머릿속으로 손익 계산서 상의 손실을 이해할 수 없었던 것뿐이다. 내가 숫자를 잘못 보고 있었다는 이유만으로 우리는 회사로서 발전하는 데서 크게 뒷걸음치고 말았다.

새로운 측정 기준

구독 비즈니스에서 여러분이 이룬 재정적 성과를 이해하려면 새로운 경영 지표가 필요하다. 구독 비즈니스의 기반은 월 순환 매출(MMR) 위에 구축된다. 이것은 여러분 회사의 손익 계산서에 매달 올라오는 순환 매출이다. 한 고객이 연회비 99달러짜리 회원제 웹사이트에 가입하면 그 회사는 해당 매출을 손익 계산서에서 월 순환 매출률 8.25달러(99달러를 12로 나눈 금액)로 인식하게 된다.

여러분이 이해해야 할 다음 숫자는 가입자의 생애 가치(Lifetime Value, LTV)다. LTV는 MRR에 고객이 머무는 개월

수를 곱하여 계산되는 것으로 구독 기간 동안 그들에게 서비스를 하는 데 드는 비용보다 작다. 상황을 단순하게 만들기 위해 가입자들에게 서비스를 하는 고객 관리자들이 없다고 가정해보자. 그러니까 우리는 가입자 서비스에 드는 비용을 0이라고 가정할 것이다. 평균 가입자가 30개월을 머문다면 가입자당 LTV는 30×8.25달러인 247.50달러가 된다

여러분의 구독 비즈니스의 건전성을 측정하기 위해 필요한 다음 데이터 포인트는 고객 1인당 유치 비용(Customer acquisition cost, CAC)이다. 이 데이터는 여러분이 신규 가입자 하나를 유치하기 위해 쓰는 영업마케팅 비용이다. 여러분 회사가 지난달에 영업과 마케팅에 총 2천 달러를 쓰고 가입자 25명을 유치했다면 회사의 CAC는 해당 기간에 80달러(2천 달러를 25로 나눈 금액)가 된다.

여러분의 진정한 CAC는 낮게 달린 과일을 딴 후에 밝혀질 것이다. 여러분의 친구와 가족, 우량 고객들은 여러분에 대한 충성심과 여러분의 신규 사업을 장려하고 싶은 마

음에 신규 서비스에 가입하는 경향이 높다. 그러므로 여러분은 이들 초기 가입자들의 비중을 계산에서 작게 처리해야 한다. 실제 CAC를 이해하기 위해 '사랑과 죄의식' 구독이 가입된 후 오랫동안 지속가능한 것이 무엇인지를 의미하는 CAC의 규모가 어떤지 여러분은 알고 싶어진다.

생존 능력의 한계점(문지방)

일단 구독자가 여러분에게 얼마만큼 가치가 있는지, 그리고 구독자당 유치 비용이 얼마인지 알고 나면 여러분은 자신의 구독 비즈니스의 생존 능력과 성과를 예상해 볼 수 있다. 이것이 데이비드 스코크(David Skok)가 하루 종일 작업한 내용이다.

스코크는 벤처 캐피탈 기업 매트릭스 파트너스(Matrix Partners)의 무한 책임 파트너로서 구독 비즈니스에 대한 투자 잠재성을 평가하고 그의 기존 투자 포트폴리오 관리팀에게 조언을 하는 업무를 맡고 있다. 그는 허브스폿닷컴(HubSpot.com)과 디뒤움(Digium), 클라우드비즈(CloudBees), 엔서비오(Enservio), 그랩CAD(GrabCAD), 오픈스팬(OpenSpan), 세이지클라우드(SageCloud), 샐시파이(Salsify), 비디오IQ(VideoIQ)와 같은 회사들과 일하고 있다.

그는 사업가들에게 투자할 뿐 아니라, 그 자신 또한 4개의 기술 기업을 시작한 사업가이기도 하다. 그중 세 회사는 나스닥 거래소에 상장되어 있다. 스코크는 또한 사업가들을 위하여(For Entrepreneurs)라는 기술 사업가들에게 인기 있는 블로그를 운영하기도 한다. 그가 처음으로 구독 비즈니스의 성과를 평가하기 위한 자신의 가장 중요한 측정 기준을 발표한 곳이 바로 거기다.

LTV > 3 × CAC

여러 기업을 경영해본 경험이 있는 스코크는 벤처 자금을 위해 수백 개의 다른 회사를 평가해 본 후, 한 기업이 장기적으로 생존력 있는 구독 비즈니스가 되려면 LTV:CAC

비율이 최소 3대 1은 되어야 한다는 사실을 발견했다. 그는 아주 성공한 구독 회사 중 일부는 LTV:CAC 비율이 8:1이 될 만큼 높다는 것을 알고 있다.

우리의 LTV 247.50달러, CAC 80달러짜리 가상의 회원제 웹사이트의 예로 돌아가면, 이 회사의 LTV:CAC 비율은 겨우 3:1(247.50달러를 80으로 나눈 것)이다. 스코크의 평가치에 의하면 이 모델은 생존력 있는 비즈니스 모델이다.

여러분의 비즈니스에 구독 서비스를 구축해야 하는 이유는 아마 많을 것이다. 여러분은 어쩌면 회원이라는 이유로 여러분에게서 더 많이 사려는 고객들과 관계 구축을 하기 위해 손님을 끄는 특가품으로서 구독 서비스를 제공할수도 있다. 또한 광고를 통해 구독자를 만들거나 그냥 고객 선호도 관련 데이터를 수집하여 구독 서비스를 구축할수 있을지도 모른다. 하지만 여러분이 독립적이고 규모 있는 구독 서비스 회사를 구축하는 것이 목적이라면 구독자당 LTV를 그 구독자를 유치하는 데 드는 비용의 최소 3배가 되게 하는 데 치중해라. 그렇게 됐을 때야만 치고 나갈 때가 되었다는 생각이 들 것이다.

해지
◇◇◇◇◇◇

말할 것도 없이 구독 비즈니스의 생존력에 기여하는 가장 중요한 요소는 고객들이 구독을 그만 두는 비율로 이것을 해지율이라 한다. MRR 해지율을 계산하려면 월초의 MRR을 해당 월에 손실된 MRR 금액으로 나누어라.

여러분에게 월 500달러를 내는 구독자가 1,000명이라고 하자. 거기다 고객 18명이 떠난 달을 상상해 보자. 그 달 MRR은 5십만 달러(500달러×1000)이며 손실 MRR은 18×500달러인 9,000달러다. 그러므로 그 달의 해지율은 1.8%(9,000달러를 5십만 달러로 나눈 값)가 된다.

여러분은 또한 주어진 달에 떠난 고객 수를 그 달로 넘어온 기존 고객의 총 수로 나눠 월 고객 해지율을 계산할 수도 있다.

어느 정도가 괜찮은 해지율인지 벤치마킹하고 싶은 생각이 드는 것이 당연하다. 하지만 현실에서는 여러분이 속한 구독 비즈니스 종류에 따라 해지율이 아주 크게 달라진다. 여러분의 상품이나 서비스가 사람들이 사는 데 꼭 필요하지 않은 사치품이라면 대기업 고객들에게 중요한 회계 소프트웨어를 판매하는 클라우드 기반 소프트웨어 회사를 경영할 때보다 해지율이 훨씬 더 높을 가능성이 크다.

가장 중요한 것은 해지율만 따로 떼놓고 보는 것은 그것을 여러분이 신규 고객을 유치하는 비용이 얼만인지와 결부해 보았을 때만큼 의미 있지 않다는 사실이다. 스코크의 공식을 사용하면 평균 고객의 가치가 구독 기간에 걸쳐 그 고객의 유치 비용의 최소 3배가 되는 지점까지 해지율을 낮춰야 한다.

이윤

여러분이 고려해야 할 다른 숫자는 신규 고객당 서비스

제공 비용이다. 제품 판매 비용의 일부로 여겨지는 이 숫자는 여러분이 일군 고객 수에 따라 달라진다. 대부분의 구독 서비스에서는 여기에 신규 고객을 유치하고 시간이 흐르면서 그들에게 서비스를 제공하기 위해 고용한 사람들의 인건비와 기타 비용이 포함된다.

허브스폿닷컴(Hubspot.com)은 인바운드 마케팅을 관리하는 데 사용되는 소프트웨어 플랫폼이다. 이 플랫폼을 사용하면 웹사이트를 구축하고, 블로그를 만들고, 소셜 미디어 계정을 관리하고, 이메일 마케팅 캠페인을 만들고, 대시보드를 통해 그 모든 것을 분석할 수 있다. 마치 일종의 기업용 일체형 마케팅 플랫폼인 셈이다. 허브스폿의 전형적인 고객은 온라인에서 전문가적 이미지를 보여줘야 하지만 디자이너팀을 고용할 예산이나 내부 자원이 부족한 중소기업이다.

우리는 셀러빌러티스코어닷컴에서 허브스폿에 가입하자 해야 할 일이 많아졌다. 우리 로고와 이미지들을 이 사이트로 가져오기 하고, 표준 글자체를 고르고, 다양한 서식 페이지를 만들어야 했다. 그 일을 마치기까지 몇 주가 걸렸고 핫스폿 지원팀에 아마도 2,30번 정도는 전화를 해야 했다. 또한 우리가 시작하는 것을 도와줄 컨설턴트 한 명과 질문을 받을 고객 관리자 한 명이 우리에게 배정되었다. 이 과정을 '온보딩'이라 하며 온보딩이 잘 진행되면 고객 해지율을 줄이는 데 커다란 효과를 볼 수 있다. 이것이 허브스폿 같은 회사들이 승선하기에 투자를 많이 하는 이유이다.

허브스폿은 지원 부서와 컨설턴트를 제품 판매 비용(COGS)의 일부로 본다. 통틀어 이 비용은 MRR의 17%를 차지한다. 그러므로 그들은 MRR 100달러마다 신규 고객을 승선시키는 비용을 지불 한 후 총 수익 83달러를 갖게 되는 것이다.

숫자가 더해지는 방법

이 머리글자와 계산 결과가 함께 작동하는 것을 보려면 허브스폿의 사례를 더 자세히 보면 된다. 2011년 1분기로 거슬러 올라가면 이 회사의 숫자는 다음과 같다.

허브스폿	2011년 1분기
고객 유치 비용(CAC)	6,025달러
고객당 평균 MRR	429달러
월 MRR 해지율	3.5%
수익	83%
LTV	10,074달러

이 회사의 LTV:CAC를 계산하기 시작하려면 MRR×수익을 해지율로 나눈다. 그 공식은 다음과 같다.

$$\$429 \times 83\%\,(0.83) \div 3.5\%(0.035)$$
$$= \$356.07 \div 3.5\%(0.035) = \$10{,}074$$

2011년 1분기를 보면 허브스폿은 문제가 있었다. LTV: CAC 비율이 1.67(10,074달러를 6,025달러로 나눈 비율)로 낮았다.

겉으로 드러난 숫자 그 아래를 들여다보면 허브스폿은 많은 문제에 직면해 있었다. 허브스폿은 판매하는 제품의 복잡성 때문에 사람들을 가입시키는 데 웹사이트 하나에

만 의존할 수 없었다. 전화 업무를 하고 허브스폿의 가치 제안을 설명할 영업 사원이 필요하다. 영업 사원은 비싸기 때문에 CAC도 따라서 높아진다. 또한 이 회사는 매월 MRR의 3%에 해당하는 손실이 발생하고 있었다. 그것은 연 매출의 거의 절반에 해당하는 금액이었다.

2011년 내내 허브스폿 팀은 더 효율적으로 신규 고객을 유치하고 승선시키는 것부터 제품을 판매할 좀 더 규모가 큰 회사를 찾는 데 집중하기까지 비즈니스의 모든 측면에서 열심히 일했다. 2012년 1분기에 국면을 전환시키고 스코크가 제시한 성스러운 목표인 3:1이라는 LTV:CAC 비율을 달성했다.

허브스폿	2012년 1분기
고객 유치 비용(CAC)	6,880달러
고객당 평균 MRR	583달러
월 MRR 해지율	2.0%
수익	81%
LTV	23,775 달러
LTV:CAC	3.5

한 해 동안 무엇이 바뀌었기에 허브스폿을 지속 불가능한 구독 서비스 회사에서 생존 가능한 회사로 만든 걸까? 척 보면 이 회사의 2012년 1분기 결과는 여전히 총 수익 백분율은 80대가 지속되면서 전년도와 꽤 유사해 보인다. CAC도 여전히 7,000달러에 가까우며 심지어 약간 더 높다. 하지만 CAC가 약간 높아졌고 MRR은 36% 더 높아졌다. 그리고 가장 크게 개선된 것은 해지율로 신규 고객의 승선 과정을 개선하고 규모가 더 큰 기업을 타깃팅하는 것을 통해, 그리고 우리가 15장의 해지율 낮추기에 관한 섹션에서 이야기를 나눌 다른 전술들 사이에서 3.5%에서 2%으로 거의 반으로 줄었다.

서비스의 복잡성에 판매 채널 맞추기

여러분이 구독 서비스 모델을 구현할 때 해야 하는 커다란 결정 사항 중 하나는 신규 고객 유치 계획을 세우는 것이다. 서비스가 복잡하면 할수록 그것을 판매하는 데 사람에게 더 많이 의존하게 된다.

다음은 구독 서비스 모델에서 자주 사용되는 판매 접근 법들이다. 가장 돈이 많이 드는 것부터 적게 드는 순이다.

1. **현장 영업 사원:** 고객을 직접 만나는 사람들이다. 대기 업이 재무와 HR 기능을 통합할 수 있도록 해주는 소프 트웨어를 제공하는 워크데이(Workday)를 예로 들어보 자. 회사의 복잡성과 긴 판매 사이클로 인해 워크데이 영업 사원들은 고객들을 직접 자주 방문하며 몇 분기 또는 몇 년에 걸친 판매 사이클로 힘들어한다.

2. **전화 영업사원:** 고객과 전화나 이메일을 통해 원격으로 접촉하는 영업 사원들은 좀 더 짧은 판매 사이클로 일 한다. 허브스폿은 일반적으로 판매 사이클이 몇 주 또 는 몇 달인 전화 영업팀을 통해 대개 중소기업에 비교 적 복잡한 인바운드 마케팅 플랫폼을 판매한다.

3. **셀프 서비스:** 이 시스템에서 가입자들은 영업 사원과 직접 접촉할 필요가 없다. 앤세스트리닷컴은 공문서와 간단한 가계도 소프트웨어 패키지 이용권을 아웃바운 드 영업 사원 없이 판매한다. 대신 서비스를 소개하는 마케팅 문구와 동영상에 의존한다.

가장 비용이 낮은 셀프 서비스 판매 채널을 사용할 때 비즈니스의 전반적인 경제성에 어떤 영향이 있는지 살펴보자. 2013년에 사기업이 된 앤세스트리닷컴은 2012년만 해도 공기업이었기 때문에 재무관련 정보를 계속 발표해야만 했다. 그래서 우리가 이 회사의 숫자를 조목조목 살펴볼 수 있게 되었다.

2012년 2분기에 앤세스트리닷컴의 평균적인 고객은 MRR 13.84달러를 발생시켰다. 이는 같은 시기의 허브스폿 고객 MRR의 30분의 1에 해당하는 금액이다. 하지만 복잡한 상품을 팔기 위해 비교적 비싼 전화 영업팀을 사용하는 허브스폿과 달리 앤세스트리닷컴은 서비스를 설명하는 간단한 동영상을 사용했다. 이 회사는 사용자들에게 14일 무료 시험 사용 기간을 제공하고 15일째 되는 날 자동으로 유료 가입자로 전환되는 서비스를 제안했다.

2012년 2분기, 앤세스트리닷컴은 셀프 서비스로 고객을 유치하는 데 큰 성공을 거둬 CAC가 81.49달러로 떨어졌다. 앤세스트리닷컴은 월 해지율이 3.4%로 비교적 높았지만 효율적인 고객 유치 덕분에 그 문제에서 벗어날 수 있었다. 그리고 LTV:CAC 비율은 5.6으로 건전했다. 다음은 숫자들이다.

앤세스트리닷컴	2012년 2분기
고객 유치 비용(CAC)	18.49 달러
고객당 평균 MRR	18.84 달러
월 MRR 해지율	3.4%
수익	82.3%
LTV	456달러
LTV:CAC	5.6

오프라인 실험

핫스폿의 간접적인 경쟁자 중 하나는 콘스턴트 콘택트 (Constant Contact)이라는 회사다. 이 회사는 소기업들에게 이메일 마케팅과 소셜 미디어를 통해 고객들과 연락하는 플랫폼을 제공한다.

콘스턴트 콘택트는 1995년 사업을 시작한 이래 자신의 계량적 분석 지표를 최적화하기 위해 계속 노력하고 있는 중이다. 2014년 1월 이 회사는 연 매출이 2억 8천5백4십만 달러에 이르렀다고 발표했다. 2002년에 1십만 달러이던 MRR이 2014년에는 거의 2천4백만 달러로 올랐다. 하지만 그것은 CEO 게일 굿맨(Gail Goodman)이 '길고 느린 서비스 로서의 소프트웨어(software as a service, Saas)의 죽음의 경사로'라고 부르는 것이었다. 하룻밤 사이의 성공과는 거리가 먼 콘스턴트 콘택트는 거의 20년 동안 숫자를 최적화하기 위해 자신의 접근법을 계속 변경해 오고 있다.

이 회사는 TV나 라디오 광고에서부터 검색 엔진 최적화(SEO), 디렉트 메일, 그리고 영업 사원을 회사 밖으로 내보내 문을 두드리며 사전 예약 없이 가망 고객을 방문하게 하는 것에 이르기까지 거의 모든 마케팅 전략을 시도해 왔다.

콘스턴트 콘택트는 수 년에 걸쳐 캠페인을 수백 번 했다. 그리고 가장 성공적인 것 중 하나는 인터넷과 전혀 관계가 없는 것이었다. 이 회사는 마케팅을 모두 온라인에만 의존하지 않고 소규모 무료 오프라인 워크숍을 주최해 회사 소유주들에게 회사를 시장에 알리는 방법을 가르쳤다. 이 접근법의 규모를 키우기 위해 콘스턴트 콘택트는 22명의 지역 개발 이사단을 채용했다. 그들에게는 각각 실제 지역이 주어졌다. 이사들은 지역 무역 및 기업 연합 회원들을 대상으로 세미나를 주최하면서 그들에게 접근했다.

규모 확대 기간이 지난 후, 일반 지역 개발 이사는 매주 이벤트를 2회에서 4회 개최한다. 세미나마다 대개 40명에서 60명이 참여하며 그들 중 1퍼센트는 콘스턴트 콘택트의 구독자가 된다. 2012년에 이 지역 개발 이사 팀은 125,000개의 소기업을 가르쳤다. 오프라인 세미나 접근법은 현재 콘스턴트 콘택트가 신규 고객을 유치하는 중요한 방법 중 하나가 되었다. 아마 온라인 마케팅 연결에 특화된 기업에게 있어 이것은 직관에 어긋난 방법이지만 이 회사는 오프라인에서 구독자들과 직접 대화함으로써 CAC를 450달러로 떨어뜨렸다.

다음은 콘스턴트 콘택트의 2012년 숫자다.

콘스턴트 콘택트	2012년
고객 유치 비용(CAC)	450달러
고객당 평균 MRR	39달러
월 MRR 해지율	2.2%
수익	72%
LTV	1,276.36달러
LTV:CAC	2.8

모스키토 스쿼드는 아직도 디렉트 메일을 고객 유치 방법으로 쓰고 있다. 이 회사는 2013년에 시작한 디렉트 메일 캠페인으로 CAC를 약 93달러로 낮출 수 있었다. 모스키토 스쿼드 가맹점의 일반적인 운영 지표가 주어진 가운데 CAC를 93달러로 낮추면서 LTV:CAC 비율이 13:1로 크게 높아졌다.

모스키토 스쿼드	2013년
고객 유치 비용(CAC)	93달러
고객당 평균 MRR	50달러
월 MRR 해지율	2.3%
수익	58%
LTV	1,261달러
LTV:CAC	13.5

구독 비즈니스를 구축하면서 여러분은 손익 계산서 이외에 사업을 추적하기 위한 새로운 측정 기준을 개발해야 할 것이다. 여러분의 LTV:CAC 비율은 여러분이 추적하고 싶어 할 모든 주요 숫자로부터 도출되기 때문에 그 숫자들의 가장 변하기 쉽지 않은 통계치다. LTV:CAC가 3:1 이상이라면 이 상태를 가속화하고 싶을 수도 있다. 하지만 3:1 아래라면 속도를 줄이고 3:1이라는 기념비에 다다를 수 있을 때까지 여러분의 모델을 손봐야 할 때다.

어느 쪽이든, 구독 비즈니스를 구축하기 위해 필요하게 될 보다 본질적인 재료가 있다. 현금은 구독 서비스를 사람으로 치면 산소와 같다. 현금이 없으면 다른 측정방법에서 여러분이 아무리 건강하다고 해도 그와 관계없이 여러분은 죽은 것이나 다름없다. 다음 장에서 우리는 구독 비즈니스를 성장시키기 위해 돈을 구하는 방법에 대해 알아볼 것이다.

　　　　　　자신의 LTV:CAC 비율을
알고 나면 여러분의 구독 비즈니스가 이론상 장기적으로
얼마나 생존할지 이해하는 데 도움이 된다. 서류상의 생존
력과 실제 세계에서의 생존력 사이에는 큰 차이가 있다.
그 차이가 바로 현금이라는 것이다.

　제품을 1,000달러 받고 파는 것에서 월 99달러에 제품을
사용할 권리를 빌려주는 것으로 바꾸면 시간이 흐르면서
LTV는 점점 더 커질 수 있다. 하지만 단기적으로는 일하면
서 사용할 돈이 크게 줄어든다. 사실, 기존 방식으로 제품
을 판매하면서 한 번에 받았던 1,000달러를 현금으로 받으
려면 10달이라는 긴 시간이 걸릴 것이다.

　구독 비즈니스에서는 시간이 지나면서 현금을 받는다.

거의 모든 경우, MRR이 고객 한 명을 유치하는 비용보다 낮을 것이다. 이는 그 고객을 유치하는 데 쓴 현금을 되찾는 데 수개월이 걸릴 것이라는 의미다. 여러분이 공격적으로 성장하면 할수록 현금은 고객 유치에 더 많이 빨려 들어간다. 그것이 가입자 확보 비용을 회복하는 데 걸리는 개월 수가 중요한 이유다.

CAC 페이백 기간

구독 기반 소프트웨어 회사들에 초점을 맞추고 있는 벤처 캐피탈 기업인 베세머 벤처 파트너스(Bessemer Venture Partners, BVP)는 링크트인, 도큐사인(DocuSign), 라이프락(LifeLock)과 같은 승자들에게 투자해왔다. BVP는 CAC 페이백 기간이라는 개념을 사용해 투자 기회와 회사의 포트폴리오 기업들의 성과를 평가한다. CAC 페이백 기간은 비전문가의 관점에서 고객 한 명을 유치하는 비용을 회수하는 데 몇 달이 걸리는지 측정하는 것이다.

$$CAC\ 페이백\ 기간 = \frac{해당\ 월의\ 총\ 영업마케팅\ 비용}{해당\ 월에\ 추가된\ 신규\ MRR}$$

간단한 예를 위해 여러분이 한 달에 월 100달러를 지불하는 고객을 하나 유치했다고 하자. MRR 100달러를 확보하는 영업 마케팅 비용으로 500달러를 쓴다면 CAC 페이백 기간은 5개월(500을 100으로 나눈 기간)이 된다.

BVP는 매우 전문적인 투자자들과 함께 구독 서비스의 총 수익을 고려한 새로운 방식을 추가한다. 새로운 구독자를 추가하는 것과 관련된 꽤 큰 비용과 그들을 적응시키는 비용을 지불하고 70%의 총 수익을 낸다고 해보자.

$$CAC\ 페이백\ 기간 = \frac{해당\ 월의\ 총\ 영업\ 마케팅\ 비용}{신규\ MRR * 총\ 수익}$$

위의 예를 사용하면 BVP는 CAC 페이백 기간이 약 7개월이 된다. 그것은 500을 100달러 × 0.7로 나눈 기간이다.

수용 가능한 CAC 페이백 기간은 고객이 계속 여러분에게 남아 있는 기간과 쓰는 돈에 달려 있다. BVP는 자신의 백서 '베세머의 10가지 클라우드 컴퓨팅 법칙'에서 이 개념을 잘 설명하고 있다.

연쇄 판매율이 높고 서비스 유지 기간이 긴 대기업은 페이백 기간 24~36개월이라도 혜택을 줄 수 있지만 해지율이 높아 수익화 기간이 더 짧은 중소기업 고객들은 CAC 페이백 기간이 일반적으로 6~18개월은 되어야 한다. CAC 페이백 기간이 36개월 이상이면 걱정해야 하는 상황이며 여러분이 판매 효율성이 개선될 때까지 브레이크를 꽉 잡고 싶어질지도 모른다는 점을 시사한다. 반면, 페이백 기간이 6개월 이하면 즉시 돈을 더 많이 투자하면서 사업에 박차를 가해야 한다는 것을 의미한다.

CAC 페이백 기간이라는 개념은 시각적으로 설명할 수 있다. 고든 도어티(Gordon Daugherty)는 CA 테크놀로지가 2010년에 3억 5천만 달러에 인수한 님소프트(Nimsoft)의 COO로서 그러한 시각 자료를 작성했다. 현재 오스틴에 있는 캐피탈 팩토리(Capital Factory)의 엔젤 투자자인 도어티는 님소프트의 주요 경영 지표를 님소프트와 이 회사의 새 주인, CA 테크놀로지스의 일반 사원들에게 쉽게 설명할 방법을 찾고 있었다. CAC 페이백 그래픽은 다음과 같다.

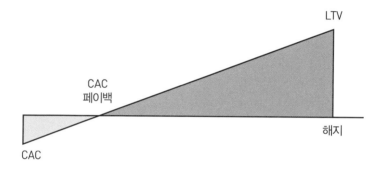

이 그래프의 X축은 시간(대개 개월로 표시됨)을, Y축은 총수익을 나타낸다.

처음의 예로 돌아가서 여러분이 고객 한 명을 유치하는 비용이 500달러라면 고객당 총수익 70달러를 벌어들이게 된다. 그런 다음 첫 달에 430달러(500달러-70달러) 손실을 본다. 두 번 째 달에는 이제 둘 째 달의 MRR 금액을 받게 되므로 CAC 페이백 기간에 점점 가까워진다. 7번 째 달이 되면 CAC 페이백 기간(500달러를 70달러로 나눈 기간)에 도달한다. 8번 째 달 여러분은 차트상 CAC 페이백이 교차하는 바로 그 지점에서 고객이 구독을 해지할 때까지 계속 수익을 쌓아나가기 시작한다.

다음 페이지에 나오는 차트는 점선 두 개 중 아래쪽 선이 나타내는 값비싼 CAC로는 CAC 페이백에 도달하는 시간이 길어지고 해지율을 관리한다고 가정하더라도 LTV가 낮아진다. 마찬가지로 위쪽 점선을 보면 여러분이 보다 효율적으로 고객을 유치하기 때문에 교차점을 더 빠른 시점에 지나게 되고 더 높은 LTV를 누릴 수 있게 된다.

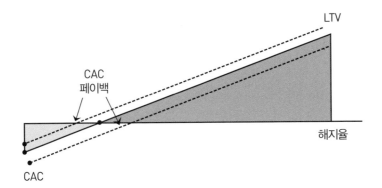

성장을 위한 돈을 모으는 세 가지 선택

고객당 MRR이 CAC보다 거의 확실하게 많이 낮아진 상태이므로 여러분은 구독 비즈니스를 성장시킬 현금이 필요하게 될 것이다. 또한 성공한 구독 서비스 회사는 대부분 시스템과 전방위적인 브랜드 구축에 크게 투자해야 할 필요가 있다. 이것이 자금을 모으기 위해 그들 중 많은 이들이 회사 밖으로 나가는 이유다. 내 경험상 여러분에게는 구독 비즈니스를 성장시키는 데 필요한 현금을 찾는 세 가지 근본적인 선택지가 있다.

현금 자원 1: 피터한테 받아서 폴한테 주기

여러분은 다른 비즈니스의 비순환 매출에서 나오는 현금으로 구독 서비스를 구축할 수 있다. 이 모델에서는 전통적인 비즈니스에서 나온 수익을 주머니에 넣어두지 않고 구독 서비스를 구축하는 데 투자한다.

이 전략을 따르면 대개 1백만 달러의 시드라운드를 외부에서 끌어 모으는 것보다 시간이 더 걸린다. 하지만 여러분은 구독 서비스의 통제권을 줄 수 있고 그것을 구축하는 데 시간을 벌 수 있다.

제이슨 프리드(Jason Fried)와 데이비드 하인메이어(David Heinemeier)는 이 현금 흐름 전략을 사용해 자신의 회사 37 시그널즈(37signals)를 설립했다. 이 회사는 2014년에 베이스캠프(Basecamp)로 이름을 바꾸었다. 베이스캠프는 대기업의 웹사이트를 구축하는 프로젝트 기반 웹 디자인 회사로 사업을 처음 시작해 중소기업도 이용할 수 있는 선두적인 프로젝트 관리 소프트웨어 플랫폼 중 하나로 진화해 왔다. 그들은 수익성이 좋은 일회성 대규모 프로젝트로 벌어들인 현금을 베이스캠프를 개발하는 데 투자했다. 베이스캠프는 사용자당 월 약 20달러에 판매하는 플랫폼이다. 구독 비즈니스와 병행해 웹 디자인 숍을 1년 간 운영한 후, 베이스캠프는 구독자들로부터 더 이상 신규 웹 디자인 프로젝트를 하지 않겠다고 말할 수 있을 만큼 충분한 순환 매출을 구축했다.

프레시북스닷컴(Freshbooks.com)은 이와 같은 전략을 사용하여 소기업용 북미 최고의 구독 기반 클라우드 회계 솔루션이 되었다. 현재 500만 명 이상이 이 회사를 이용하고 있다.

마이크 맥더먼트(Mike Mcderment)는 4인 디자인 스튜디오를 운영하면서 1세대 프레시북스닷컴을 개발했다. 그는 마이크로소프트 워드를 사용하여 청구서를 보내던 어느 날 '다른 이름으로 저장하기' 대신 '저장하기'를 누르는 바람에 이전 청구서가 삭제되었다. 이전 청구서가 날아가자 그는 자신의 사업이나 세무사를 위해 그것을 다시 찾을 방법이 없었다. 자신의 회사처럼 소규모 기업이 쉽게 사용할 수 있는 청구서 작성 도구를 개발하기로 마음먹은 그는 프레시북스닷컴을 부업으로 개발했다.

'제품을 상품화하는 데 6개월이 넘게 걸렸습니다. 처음 시장에 내놓았을 때는 아무도 관심이 없었어요. 그리고 시작한 지 24개월이 지난 후에야 겨우 유료 고객 10명에 월 매출 99달러가 생겼어요. 우리는 3년 반 동안 우리 부모님네 지하실에서 살아야 했죠.'라고 그가 말했다.

2014년이 되자 프레시북스는 120개 국에서 유료 고객을 유치했다. 그리고 맥더먼트 앤 CO.는 부모님 집 지하실에서 프레시북스닷컴 직원 100명 이상을 수용할 수 있는 곳으로 거처를 옮겼다. 그는 벤처 캐피탈을 끌어들이지 않고 이것을 해냈다. 프레시북스는 맥더먼트가 고객에게 일회성 디자인 업무를 해주고 번 돈을 사용해 개발된 것이다.

개발비를 충당하기 위해 '피터한테 받아서 폴한테 주기' 전략을 쓰는 것은 고객에게 '최후통첩'을 보내는 영업 전략과 상충하는 것처럼 보이거나 사업을 중단하는 것처럼 보일 수도 있다. 하지만 베이스캠프도 프레시북스도 동일한 고객에게 가입을 요구하거나 일회성 프로젝트를 하라고 요구하지 않았다. 그들은 큰 고객에게서 나온 현금을 사용하여 대부분 매우 작은 기업들이 사용하게 될 제품 개발에 쓰고 있었다. 그들의 대형 고객들은 더 작은 기업용 제품을 사고 싶어 할 가능성이 없었다. 하지만 그래도 괜찮았다. 덩치 큰 녀석이 작은 녀석이 사용할 제품을 개발하는 데 돈을 대준 셈이니까.

이렇게 구독 비즈니스를 구축하는 데 자기가 알아서 하는 접근법은 여러분이 회사 자산을 모두(혹은 대부분) 그대로 유지할 수 있도록 해준다. 베이스캠프는 벤처 캐피탈 투자자들을 피하고 운영을 지속하면서 발생하는 자금, 그리고 아마존의 제프 베조스가 투자한 적은 돈으로 성장 자금을 충당했다. 내가 베이스캠프의 프리드와 2014년 5월 마지막으로 이야기를 나눴을 때, 이 회사의 직원은 43명이었으며 프리드는 대기업은 아니지만 지속 가능한 회사를 만드는 데 집중하고 있었다. 프리드는 회사 이름을 37시그널즈에서 베이스캠프로 바꾸고 하이라이즈(Highrise), 캠프파이어(Campfire), 백팩(Backpack)과 같은 다른 자기 제품을 희생하고 이 프로젝트 관리 소프트웨어를 선택해 집중하기로 결정하던 차였다. 베이스캠프가 벤처 캐피탈이 투자하는 회사였다면 지원자들이 프리드가 단 하나의 서비스를 위해 그의 제품군 중 다른 것들, 그리고 그들이 보여주는 매출 기회를 포기하도록 놔두었을지는 회의적이다.

'피터한테 받아서 폴한테 주기'의 부정적인 면은 규모를 키우는 데 시간이 오래 걸린다는 점이다. 프리드는 베이스캠프를 1년 동안 판매하고서야 웹 디자인 프로젝트를 하지 않겠다고 말할 수 있을 만큼 충분한 현금을 가입자에게서 벌어들이게 되었다. 프레시북스에서 맥더먼트는 유료 고객 10명을 확보하는 데 2년이 걸렸다. 그러므로 여러분이 출시 시기가 성공의 주요 결정 요소인 승자가 모두 가져가는 부문에서 경쟁을 하고 있다고 생각하면●, '피터한테 받아서 폴한테 주기'는 구독 비즈니스에 자금을 모으는 최상의 선택이 아닐 수도 있다.

현금 원천 2: 외부 자금

구독 비즈니스를 구축하는 두 번째 옵션은 자금을 구하러 외부로 눈을 돌리는 것이다. 여러분이 LTV:CAC 비율이 규모상 3:1에 이르렀고 시장이 충분히 커졌다는 사실을 입증할 수 있으면 아마 여러분의 구독 서비스 회사에 돈을 대려는 투자자들이 줄을 설 것이다. 여기서 여러분은 구독

● '첫 번째 참가자 이점' 개념은 매우 과대 포장되어 있다. 프레시북스 전에는 퀵북스(Quickbbooks)가 있었고, 베이스캠프 전에는 마이크로소프트 프로젝트가 있었고, 페이스북 이전에는 마이스페이스(Myspace)가 있었다. 잘 나가는 회사들은 대부분 증명된 모델을 선택해 더 낫게 만든다. 그러므로 여러분은 외부 자본을 구하는 것에 대한 정당화로서 '첫 번째 참가자 이점'을 사용하기 전에 자신에게 심각한 질문을 해보고 싶을 수 있다.

비즈니스를 구축하기 위한 현금을 받는 대가로 자기 자본, 그리고 대개 일부 통제권을 포기해야 한다.

외부 투자자들은 지식이나 어렵게 얻은 경험과 함께 신선한 시각을 여러분의 회사에 가져다 줄 수 있다. 그것은 그 투자자들이 정말로 공유하고 싶어 하는 것이다. 외부 자금, 특히 벤처캐피탈의 투자금은 매우 비싼 대가를 치러야 하는 돈일 수 있다.

블러드하운드 테크놀로지스(Bloodhound Technologies)의 이야기를 생각해보자. 카사나로(Carsanaro)는 위장 헬스 케어 청구 감시 소프트웨어를 제공하는 회사로서 1990년대 중반에 블러드하운드를 시작했다. 카사나로는 1999년과 2000년에 벤처 캐피탈의 모금 2번을 통해 5백만 달러를 모았다.

벤처 캐피탈의 거래가 대개 그러하듯 투자자들은 배당금을 받을 권리와 함께 우선주를 받았다. 회사에 문제가 생기자 창업자들은 쫓겨나고 회사는 벤처 캐피탈이 차지해 버렸다. 그때 벤처 캐피탈은 자금 조달을 7번 이상 감독

했다. 2011년 블러드하운드는 8천2백5십만 달러에 팔렸다. 하지만 창업자들은 겨우 3만 6천 달러를 받았다. 듣자하니 한 공동 창업자는 99달러짜리 수표를 받았다고 한다.

'벤처 캐피탈이 돈을 대주는 회사를 판매하는 데 있어 현금 흐름 재협상 권리'라는 연구에서 브라이언 브라우먼(Brian Broughman)과 제시 프리드(Jesse Fried)는 그들이 연구한 벤처 캐피탈이 돈을 댄 회사의 절반 이상에서 창업자들은 아무것도 건지지 못했다. 아무 것도 없는 남지 않은 것이다. 그리고 창업자들이 회사 매각 과정에서 무언가를 얻는 경우 그것은 항상 벤처 캐피탈이 우선전환주를 사용한 덕분에 투자자들이 수월하게 차지하고 남은 부스러기였다. 사실 거래를 50가지 연구한 끝에 그들은 창업자가 벤처 지원자보다 더 많이 챙긴 경우는 단 1차례였다는 것을 알게 되었다. 기억하라. 이들은 벤처 자금을 조달한 스타트업이다. 한 벤처 캐피탈이 돈을 투자한 회사 하나당 수백 개 회사들은 거절당했다.

나는 프레시북스의 맥더먼트에게 처음 10년 간 왜 혼자

힘으로 하는 대신 벤처 캐피탈을 활용하지 않았는지 물어보았다. '외부 자금은 위험한 돈이에요. 그것은 어긋나게 될 가장 좋은 기회죠. 우리가 제대로 가고 있다면 언제든 수표를 받을 수 있어요(벤처 캐피탈로부터).'라고 그는 대답했다. 맥더먼트는 2012년 11월에 벤처 캐피탈로부터 2천 5백만 달러를 제안받았다. 하지만 벤처 캐피탈의 자금이 자기 투자자들을 만족시키기 위해 결국 그들의 잘나가는 회사를 매각해야 한다는 것을 잘 알기 때문에 제안을 거절했다. 맥더먼트는 투자자들이 유동성이 필요하다는 이유만으로 어쩔 수 없이 회사를 매각하거나 공개하도록 놔두고 싶지 않았다.

전문 투자가들로부터 오는 외부 자금이 주는 주된 혜택은 이것이 대개 '스마트머니'라는 점이다. 여러분이 속한 산업에 대해서 아무것도 모르면서 여러분에게 수표를 끊어주는 벤처 캐피탈의 현금은 대개 여러분에게 비즈니스를 안내해 줄 매우 똑똑한 사람들과 함께 들어온다. 여러분이 새로 찾은 동업자들은 여러분이 성장하는 것을 보고 싶을 것이다. 벤처 캐피탈은 잘 나가는 비즈니스 모델이 확장될 수 있도록 연료를 주입해 줄 수도 있다. 그리고 회사를 매각하거나 자금 조달을 더 해야 하는 경우, 벤처 투자자들은 투자자 모집에 중요한 역할을 하기도 한다.

현금 출처 3: 미리 청구하기

세 번째 전략은 전통적인 구독 비즈니스 현금 흐름을 완전히 뒤집어 서비스를 실시하기 전에 먼저 돈을 받는 전략이다. 회사가 1년 치 구독료를 미리 청구할 수 있다.

이 전략의 효과를 평가하기 위해 나는 CUF:CAC라고 부르는 지표를 생각해 냈다. 여기서 CUF는 여러분의 구독자가 가입할 때 내는 금액인 미리 받은 현금(Cash up front)을 나타낸다. CAC는 고객 유치 비용(customer acquisition cost)이다.

CUF:CAC 비율이 여러분의 현금 흐름에 어떤 영향을 끼치는지 알아보기 위해 두 가지 시나리오를 상상해보자. 처음 시나리오에서 여러분은 전형적인 구독 서비스 모델에 따라 요가 교육 동영상 라이브러리를 이용하는 데 월 20

달러를 청구한다. 구독자 한 명을 유치하는 비용은 100달러다. 그러면 여러분의 CUF:CAC 비율은 1:5가 된다. 즉, 여러분은 가입자들을 확보하는 데 투자하는 5달러당 앞서 1달러를 가져가게 된다. 이 모델로 성장하면 할수록 현금이 더 빨리 바닥나게 될 것이다.

이제 여러분은 모델을 바꿔 연 199달러짜리 가입서비스를 회비를 미리 받고 판매한다. 고객 한명을 유치하는 비용은 100달러로 같다고 가정하면 CUF:CAC 비율은 이제 2:1이 된다. 이 전략에서는 많이 팔면 팔수록 더 많은 현금이 쌓이게 된다.

타이거 21은 우리가 5장에서 살펴본 엘리트 투자 클럽으로 회원들이 매년 가입비 3만 달러를 미리 낸다. 이와 유사하게 셀러빌러티스코어닷컴에서는 가입자들이 1년 치 서비스 비용을 미리 내면 16% 할인을 받는다. 이것은 고객한 명이 미리 회비를 내면 MRR이 16% 적어진다는 것을 의미한다. 하지만 그렇게 되면 또한 CUF:CAC 비율이 긍정적이 된다는 것을 의미하기도 한다.

CUF:CAC 비율을 개선하는 또 다른 방법은 설정비 또는 설치비를 청구하는 것이다. 허브스폿은 영리하게도 설정 비용의 일부를 회수하기 위해 설정비를 2,000달러를 인바운드 마케팅 석세스 트레이닝 패키지로 가장해 신규 프로(Pro) 또는 엔터프라이즈(Enterprise) 고객들에게 청구한다. 이 2,000 달러짜리 인바운드 마케팅 석세스 트레이닝 패키지가 없었다면, 허브스폿의 CUF:CAC 비율은 심각하게 좋지 않았을 것이다.

허브스폿의 재무상태를 돌아보면, 2012년 1분기에 CAC는 6,880달러였고 MRR은 583달러로 이 회사가 미리 영업 마케팅 비용을 모두 지불해야만 한다고 가정하면 CUF:CAC 비율은 엄청 낮은 0.084:1가 됐을 것이다. 이 회사는 첫 달에 고객을 유치하는 데 쓴 100달러 당 약 8.50달러를 받았을 것이다. 그렇게 되면 허브스폿이 해당 고객을 유치하는 데 들인 비용을 회복하려면 거의 12개월이 걸렸을 것이다.

인바운드 마케팅 석세스 트레이닝 패키지로 미기 2000

달러를 청구함으로써 이 회사는 CUF:CAC 비율을 0.37:1
이라는 꽤 괜찮은 숫자로 올려놓고 첫 달에 해당 고객을
유치하는 데 들인 100달러 당 37달러를 회수한다.

허브스폿의 경우 이 비율은 여전히 부정적이다. 그것은
이 회사가 데이비드 스코크 같은 사람들의 외부 자금이 필
요하다는 것을 의미한다. 하지만 소유주들은 성장하는 데
돈이 적게 들기 때문에 자기자본의 많은 부분을 지킬 수
있다. 다른 부문에서 들여올 필요 자금을 최소화하면서 구
독 비즈니스를 성장시키려면 CUF:CAC 비율을 1:1까지
확 끌어올려야 한다.

훌륭한 CUF:CAC 비율을 보유한 회사를 이해하기 위
해 매사추세츠 케임브리지의 포레스터 리서치(Forrester
Research)를 살펴보자. 포레스터의 기본 비즈니스는 구독
기반으로 연합 시장 조사를 수십억 달러짜리 회사들에게
판매하는 것이다. 2013년 포레스터는 포춘 1000대 기업
의 38%가 포함된 2,451개의 고객들로부터 대략 매출 3억
달러를 올리고 있었다.

포레스터의 핵심 제품은 롤뷰(RoleView)다. 매년 약 3만 달러에 CIO와 CMO들은 회사에서 맡은 역할을 기반으로 리서치 인사이트를 받아본다. 롤뷰 가입 하나 당 일반적으로 리서치를 이용할 권한과 비슷한 사람들이 공통적으로 지닌 문제를 토론하는 포레스터 리더쉽 보드의 회원자격, 리서치를 수행하는 애널리스트들에게 전화나 이메일로 연락을 취할 수 있는 권한, 포레스트 웹 세미나에 무제한 참여할 수 있는 자격, 라이브 이벤트 한 곳에 참여할 수 있는 자격이 포함된다.

포레스트 롤뷰의 연회비는 거의 미리 청구된다. 이 회사는 고객으로부터 1년 전체의 가치를 미리 받아서 긍정적인 CUF:CAC 비율을 갖게 된다. 포레스터의 CEO이자 회장인 조지 F. 콜로니(George F. Colony)는 2013년 초 주주들에게 보내는 서신에서 가입비를 미리 청구하는 데서 오는 이점을 다음과 같이 언급했다. '포레스터의 비즈니스 모델은 건전하고 자유로운 현금 흐름을 낳았습니다……. 우리는 보통 현금을 5천만 달러에서 1억 달러까지 보유하고 있습니다.'

블랙삭스(Blacksocks)는 유사한 긍정적 현금 흐름 모델을 사용해 자신의 '양말구독' 사업을 키우고 있다. 이 회사는 한 켤레에 10달러짜리 양말을 파는 대신 구독 서비스를 한다. 이 서비스에서는 고객이 대개 약 100달러 정도의 검정색 양말 1년 치 금액을 미리 지불한다.

가입 서비스 비용을 미리 청구하면 판매 사이클이 길어지고 고객 한 명을 유치하는 비용이 증가할 수 있다. 하지만 여러분이 구독 비즈니스의 통제권을 갖기를 원한다면 이것이 여러분이 할 수 있는 최상의 접근법이 될 수 있다.

간단히 말하면 여러분의 LTV:CAC는 데이비드 스코크 같은 사람이나 이 나라에 있는 다른 수많은 벤처 투자자들이 여러분의 회사에 투자를 할 것인지 말 것인지를 결정한다. 반면에 CUF:CAC 비율은 여러분이 투자자의 돈을 얼마큼 필요로 하게 될지와 이 과정에서 여러분이 포기해야만 하는 자기 자본이 얼마나 될지를 결정한다.

14장

그러면 도대체 어떻게 구독 서비스를 판매해야 하는 걸까?

구독 서비스를 판매하는 것은 데오도란트 스틱을 파는 것과 다르다. 구독 서비스에서 여러분은 시간이 흐르면서 지속되는 관계를 제안하고 있는 것이다. 일회성 제품이나 서비스를 판매하는 것에서 구독 서비스를 판매하는 것으로 전환하는 것은 하룻밤 즐기는 연애와 결혼의 차이와 비슷하다.

구독 관계에서 고객은 장기간 서비스를 사용하는 데 동의하고 여러분은 파트너의 이익을 진심으로 지켜주겠다는 데 동의한다. 모든 장기적인 관계가 그러하듯, 양측은 약속된 관계에서 바라는 더 나은 거래를 하는 대가로 자유를 약간씩 포기하고 있다.

고객들은 가입을 하면 구매의 자유를 약간 포기해야 할 수 있다. 하지만 일회성으로 구매하는 것보다 구독하는 데 더 많은 이익이 존재한다. 예를 들어 집카 가입자는 한 달에 몇 달러를 내고 고급 자동차를 이용할 수 있다. 모스키토 스쿼드 가입자들은 더운 여름 저녁, 벌레 걱정 없이 뒷마당에서 회사 상사를 초대해 바비큐 파티를 할 수 있다. 넥플릭스 가입자들은 아이튠즈에서 편당 5.99달러를 내고 영화를 대여하지 않아도 된다. 그들은 월 10달러도 안 되는 돈을 내고 수천 편의 영화를 볼 수 있다.

구독 서비스의 피로감

하지만 점차적으로 구독 비즈니스는 신용 카드 이용 명세서를 열어볼 때마다 거기에 깊이 스며든 '구독서비스 피로감'을 극복해야 한다.

매달 우리의 신용 카드에 한두 가지 계속 청구되는 항목
이 존재하던 때가 있었다. 케이블이나 자동차 보험으로 내
는 몇 달러쯤은 무시하기 쉬웠다. 하지만 요즘에 우리는
더 많은 것을 구독 서비스로 사고 있다. 그러므로 매월 청
구되는 그런 작은 금액이 쌓여서 커다란 골칫거리가 될 수
도 있다. 게다가 우리 중 많은 이들이 찰거머리 같은 구독
서비스를 끊으려고 애를 먹었거나 수년 전에 가입한 뭔지
도 모르는 가입 서비스가 신용 카드 청구를 계속 하고 있
었다는 걸 알게 되는 황당한 일을 경험한 적도 있다. 점점
더 우리가 구독 관계로 갈 것인지를 결정하는 기준이 더
높아지고 있는 것이다.

미퀴오다 그룹(Mequioda Group) 출판 컨설팅 회사의 CEO
돈 니콜라스(Don Nicholas)는 이렇게 높아진 회의주의를 직
접 본 적이 있다. '우리는 고객 포커스 그룹에서 구독 서비
스를 둘러싼 충고의 말을 점점 더 많이 듣고 있습니다. 소
비자들이 자신들이 구독 해지를 깜박하기 쉽다는 사실을
알고 있는 거죠.'라고 그는 말한다.

그러면 어떻게 구독 서비스를 망설이는 소비자들이 자신의 신용 카드 청구서에 또 하나의 월 청구액을 추가하도록 설득할 수 있을까? 그것은 구독 비즈니스마다 모두 다를 것이다. 하지만 여기 구독 서비스를 판매하는 7가지 방법이 있다.

구독 서비스 판매 아이디어 #1: 10배 VS 10% 비교하기

소비자들은 구독 관계가 일회성 구매보다 여러분에게 훨씬 더 가치 있다는 것을 알고 있다. 그러므로 여러분이 그들을 움직이려면 그들의 투자에 대해 크게 보상을 해줘야 할 필요가 있을 것이다. 구독 피로감을 극심하게 겪은 소비자들은 10%를 아끼기 위해 구독하려고 하지 않는다. 대신 여러분이 대체제 가치의 10배를 누리게 해줄 수 있다면 설득당할 수도 있다.

온라인 미술 학교인 뉴 마스터스 아카데미(New Masters Academy)의 가입자들은 매달 29달러로 동영상 강의를 350시간 이용할 수 있다. 뉴 마스터스 아카데미의 일일 현장 미술 수업의 현행 가격은 600달러에서 800달러다. 그러므로 여러분은 매달 현장 수업 가격의 12분의 1로 강의 350개를 들을 수 있다. 뉴 마스터스 아카데미를 창립한 조슈아 자코보(Joshua Jacobo)는 다음과 같이 말했다. '우리는 엄청난 금액의 가치를 제공합니다.'

전 세계의 일부 유명 기업가들을 위한 비공개 클럽 가입 프로그램 지니어스 네트워크(Genius Network)의 조 폴리시(Joe Polish)는 가망 고객들에게 투자의 10배를 돌려주겠다고 약속한다. 폴리시는 신규 가입자마다 8만 달러짜리 마케팅 '입문서' 콘텐츠를 미리 담아 놓은 아이팟을 빌려준다. 회원은 가입을 갱신하는 한 계속 아이팟을 가지고 있을 수 있다. 폴리시는 자신의 신규 회원들이 지니어스 네트워크에 투자한 금액의 10배를 돌려받는 것같이 느껴지지 않으면 차라리 가입을 갱신하지 않는 게 낫다고 그들에게 말할 정도로 자신의 10배 약속을 매우 확신한다.

넷플릭스는 한 달에 10달러도 안 되는 돈으로 수만 편의 프로그램을 볼 수 있는 권한을 제공한다. 게임플라이

(GameFly) 가입자들은 한 달에 몇 달러로 8,000개나 되는 비디오 게임 중 원하는 것을 선택할 수 있다. 알디오(Rdio)는 값비싼 커피 한잔 값에 매달 수백만 곡의 노래를 제공한다. DVD나 비디오 게임, 노래를 개별적으로 각각 구입하는 대신 이들 서비스를 이용하는 것이 고객들에게 경제적으로 설득력이 있는 것이다.

1년 안에 가입자수 0에서 95,000으로

여러분은 최근 디지털 사진들을 인화하는 데 얼마를 지불했는가?

휴가 시즌 때마다 우리는 식료품점으로 가 영국에 사는 친척들에게 보낼 아이들의 사진을 인화한다. 지난 크리스마스 때, 나는 행복한 스냅 사진 한 묶음을 뽑는 데 30달러 가량 썼다.

나는 정확히 이 가격의 10분의 1 가격으로 매달 집 앞에

4×6 크기의 광택 사진 100장이 들어 있는 양장본을 배송해주는 서비스 그루브북(GrooveBook)에 가입할 수 있었다. 사진마다 절취선이 있어서 좋아하는 것은 뜯어서 액자나 냉장고 문짝에 붙여둘 수도 있다. 잡화점에서 사진 백장을 뽑으려면 30달러가 들 수 있다. 하지만 온라인 사진 인화 회사 중 하나를 이용하면 약 20달러로 가격을 낮출 수 있다. 하지만 그루브북 가입 비용은 고작 월 2.99달러다. 그리고 거기에는 배송과 처리 비용까지 포함되어 있다. 여러분이 해야 할 일은 휴대전화에 무료 앱을 다운받아 사진 100개를 업로드하고 '제출'을 누르는 것이다. 그러면 약 2주 후에 추억으로 가득 찬 작고 아름다운 책자를 받을 수 있다.

창업자인 브라이언(Brian)과 줄리 화이트맨(Julie Whiteman)은 인화 기계를 직접 보유하고 그루브북이 미국 우체국 서비스를 통해 78센트에 배송될 수 있도록 사진첩이 약간 구부러질 수 있게 할 수 있는 특허 기술을 개발했기 때문에 10배 나은 서비스를 가능하게 한 것이다.

사업을 한 지 딱 1년 후인 2014년 초, 그루브북은 가입자가 9만 5천 명까지 늘었다. 그리고 그중 90%는 번거롭고 복잡하게 사진을 잡화점에서 인쇄하는 데 지친 엄마들이었다. 그들은 그루브북이 간단하고 월 2.99달러에 대체제보다 10배 더 나은 가치를 가지고 있기 때문에 가입하고 있다.

왓츠앱은 그저 문자 메시지를 보내는 데 1년에 100달러나 내야 하는 무선통신 회사를 통해 메시지를 보내는 가치의 최소 100배를 연간 1달러에 제공하기 때문에 하루에 사용자를 100만 명이나 추가한다.

고객이 가입을 하지 않고 여러분이 제공하는 것과 비슷한 제품이나 서비스를 가질 수 있는 쉬운 방법이 있을 때마다 '10배'를 생각하라,

구독 서비스 판매 아이디어 #2:
그들의 이성적인 면에 호소하라

사람들이 구독 서비스에 가입하면서 면도날이나 콘돔처

럼 특별한 물건을 구독하기로 했다고 말하던 때가 있었다.
그런 날들은 다 지나갔다.

구독 비즈니스 모델은 주류로 진입했다. 그리고 사람들
은 가입한 구독 서비스가 대체재보다 더 높은 가치를 제공
해주기를 요구하고 있다. 즉, 우리는 더욱 이성적으로 구
매하고 있다.

레이즈*워(Raz*War)를 예로 들어보자. 2010년 3월, 달러
셰이브 클럽이 면도날 구독 서비스를 처음 판매하기 1년도
전 역시 면도날 구독 서비스 회사였던 레이즈*워도 유럽의
가장 큰 스타트업 경연대회인 플러그(Plugg)에서 피플즈
초이스 어워즈(People's Choice Awards)를 수상했다.

플러그의 수상 발표 후 48시간이 지나기도 전에 대부분
이 기술광이나 얼리어답터들인 남자 1,100명이 면도날 구
독 서비스에 가입했다. 당시 얼리어답터들은 테크크런치
(TechCrunch)와 스프링와이즈(Springwise)에서 레이즈*워에
대해서 읽고 친구들 중에서 자기가 처음으로 면도날을 구

독한다고 말하고 싶어 했다.

요즘 레이즈*워 구독자들은 훨씬 더 이성적으로 행동한다. 그들은 더 이상 면도날 구독 서비스를 맨 처음 테스트해보고 싶은 새로운 개념으로 보지 않지만 여전히 면도날을 사러 갔는데 약국에 면도날이 다 떨어졌다거나 회사가 면도날의 손잡이를 또 바꿨다는 것을 발견하게 되는 데 지쳐 있긴 하다. 레이즈*워는 경쟁사들처럼 오래된 날은 구식이라고 말하면서 날의 모양을 자주 바꾸지 않는다. 그래서 고객들은 자신들이 그저 합리적이라고 느낀다. 그들은 질레트(Gillette)나 쉭(Schick)이 벌이는 업그레이드 춤판에 놀아날 필요 없이 좋은 품질의 면도날을 구할 수 있는 믿을 만한 곳을 원한다.

대화 도중 레이즈*워 창업자 피에르 드 네이어(Pierre De Nayer)는 합리적인 것이 값싼 것과 같은 의미는 아니라고 재빨리 지적했다. 레이즈*워는 세 가지 종류의 면도날을 제공한다. 그리고 드 네이어의 가입자들 중 60%가 가장 비싼 모델을 선택한다. 고객들은 여전히 고급 면도날에 돈을 더 쓰려고 한다. 하지만 그들은 손잡이에는 돈을 쓰지 않고 질레트가 신제품을 출시하면 그냥 구식이 되도록 놔둘 뿐이다.

편의성에 호소해 사람들에게 팔 수 있는 제품은 단지 개인용품뿐만이 아니다. 편의성은 B2B 구독 서비스를 판매할 때에도 매우 중요하다. 그것이 H.블룸이 꽃 구독에 기업 효용을 구축한 방법이다. 나는 2014년 4월에 H.블룸의 공동 창업자 소누 판다(Sonu Panda)와 이야기를 나누며 그들이 꽃처럼 감성적인 제품을 구독 서비스로 판매하는 방법에 대해 물어보았다. 판다는 처음에는 음식점 경영자나 스파 매니저 같은 기업 구매자를 타깃팅했다고 말했다. 그들에게는 전문적인 청구 절차와 신뢰성이 중요하다. 판다는 그러한 지식을 기반으로 영업 대표들에게 꽃 판매에 대한 H.블룸의 접근법을 설명하도록 코치했다. 그것은 어머니의 날 판촉보다는 물류 강의처럼 들렸다. 그들은 꽃이 어떻게 농부의 밭에서 스파 소유자의 카운터톱까지 오는지에 대해 설명했다. 회사 규모와 구독 비즈니스 모델 때문에 H.블룸은 일반적인 꽃집과는 달리 수백 가지의 꽃을 제공하고 고객들이 농부가 수확한지 48시간 이내에 꽃을 받아볼 수 있도록 중간 상인을 거치지 않는다. 이는 더 작은 아웃렛에 10일에서 14일 후에 배달되는 것과는 대조적이다. 더욱이 H.블룸은 값비싼 소매 영업장이 필요하지 않고 그렇게 아낀 돈 중 일부를 가입자들에게 전달할 수 있다.

영업 대표들은 일을 마칠 때까지 꽃다발을 구독 서비스로 받는 것이 왜 타당한지를 보여주는 매우 이성적인 사례를 소개한다.

이 전략은 소비자에게 구독 서비스를 판매할 때 효과를 볼 수 있다. 하지만 다른 업체에 구독 서비스를 판매하고 있을 때는 반드시 필요한 것이다.

구독 서비스 판매 아이디어 #3:
고객에게 최후통첩을 하라

선택이 주어지면 소비자들은 대부분 자신의 자유를 지

키고 필요에 따라 따로따로 여러분의 제품을 구매하려 할 것이다. 구독 비즈니스를 구축하고자 하는 여러분의 욕구에 따라 구독만이 여러분의 제품을 구매할 수 있는 유일한 선택으로 만들고 싶을 수도 있다.

여러분은 그라노 스피커스(Grano Speakers) 시리즈의 티켓을 한 번만 구매할 수 없다. 그리고 10달러를 지불하고 앤세스트리닷컴에서 출생증명서 하나만 다운로드할 수도 없다. 여러분은 스테이플스에서 세일즈포스닷컴 디스크 한 상자를 살 수 없다. 포트폴리오 디펜스를 하나만 사기 위해 타이거 21에 가입할 수도 없다. 여러분은 넷플릭스에서 영화를 한 편만 구매할 수 없다. 이들 회사들은 구독 서비스 모델에 100% '올인'한다. 그들은 고객들에게 최후통첩을 보낸다. 가입하라. 그렇지 않으면 우리는 아무것도 해줄 수 없다.

최후통첩 전략은 여러분이 이미 여러분에게서 일회성 구매를 하고 있는 고객들을 타깃으로 하는 경우 두 배로 중요할 수 있다.

나는 이 전략을 어렵게 배웠다. 내가 처음 내 리서치 회사를 판매한 후 서비스를 실시하는 서비스 기업에서 구독 서비스 회사로 리모델링하려고 하면서 두 가지 방식으로 그 일을 하고 싶었다. 고객 맞춤 컨설팅을 하면서 동시에 구독 서비스도 제공하는 것이었다.

우리는 최고의 고객들에게 구독 서비스를 소개하기 위해 그들과 약속을 잡았다. 몇 명은 구매했지만 대부분은 그냥 정중히 듣고 기존 방식으로 우리와 비즈니스를 하러 돌아갔다. 그들에게 구독 비즈니스 모델은 아마 새로운 사업 방식에 올인하려는 시도라기보다는 우리가 테스트하고 있는 또 다른 아이디어에 불과한 것으로 들렸을 것이다.

6개월이 지나도 우리는 구독 고객을 충분히 확보할 수 없었다. 그래서 구독 서비스를 그만 두고 일회성 컨설팅으로 돌아가야 했다.

몇 년이 지나고 우리는 구독 비즈니스로 전환하면서 또 다른 시도를 했다. 이번에는 다음과 같이 고객들에게 최후통첩을 보냈다. 가입하라. 그렇지 않으면 우리는 아무 것도 해줄 수 없다. 고객들의 반응에서 주목할 만한 차이가 있었다. 그들은 우리가 심각하다는 것을 깨닫고 서비스를 이해하기 위해 더 많은 시간을 들였다. 우리가 비즈니스를 하는 새로운 방식에 우리가 가진 모든 관계를 걸려고 한다면 틀림없이 그 서비스에 그만한 가치가 있을 거라고 제대로 예상했다. 결국 고객들 대부분이 새로운 모델로 전환했다. 그리고 우리는 다른 일회성 컨설팅 고객을 받지 않았다.

가입 모델에 실패한 첫 번째 시도와 성공한 두 번째 시도의 중요한 차이점은 우리가 얼마나 전념했느냐였다. 우리는 고객들이 가입을 하든지 아무것도 받지 말든지 둘 중 하나를 선택하도록 했다.

구독 서비스 판매 아이디어 #4:
그들에게 '프리미엄(Freemium)'을 제공하라

사람들이 유일한 가격 책정 모델로서 구독 서비스에 가

입할 수밖에 없도록 할 예정이라면 꼼짝없이 약속해야 하는 것에 대해 갖게 될 불안감을 해결할 수 있는 한 방법은 완전히 가입했을 때 받을 수 있는 서비스를 무료로 체험할 수 있도록 하는 것이다.

미쿠오다 그룹의 돈 니콜라스는 처음 방문한 사람에게 정보 상품(예를 들어 잡지나 회원제 웹사이트)에 대한 구독 서비스를 판매하는 것은 그들이 먼저 콘텐츠의 가치를 알아보기 위해 무료 이메일 뉴스레터에 동의하기 전에는 거의 불가능하다는 사실을 발견했다. 일단 이메일 뉴스레터 구독자가 된 사람들은 그들이 제공받은 서비스의 수와 발행인이 얼마나 세심하게 관리(예를 들어 배달 불가능한 주소와 구독해지 한 사람을 골라내는 일)하는지에 따라 1년에 3%에서 30%의 비율로 유료 상품으로 전환한다.

여러분은 이 '프리미엄'모델에서 고객이 구독을 통해 얻게 될 것에 호기심을 갖도록 가치 중 많은 항목을 표에서 빼고 싶을 것이다. 잘 볼 줄 아는 사람은 상품 가치를 평가할 만큼 충분한 내용을 주고도 마음을 사로잡는 많은 것들을 커튼 뒤에 숨겨둔다.

여러분에게 잠재 구독자들이 계속 더 많은 것을 원하면서 좋은 인상을 갖고 있는 것이 있다면 프리미엄 모델을 사용해보라.

구독 서비스 판매 아이디어 #5: 무료 체험을 하게 하라

제품이나 서비스가 설명하기 매우 힘들고 고객이 써보기 전에는 구독 서비스의 혜택을 이해하기 힘든 경우 무료 체험 제공을 고려해 볼 수도 있다. 고객이 대개 영원히 누릴 수 있는 프리미엄 서비스와는 달리, 무료 체험은 대개 시작일과 종료일이 있다.

그레이터 토론토 북부에서 2시간 거리에 있는 개인 소유의 스키 클럽 오슬러 블러프(Osler Bluff)가 제공하는 무료 체험 구독 서비스에 대해 한 번 살펴보자. 이 지역 주민 약 6백만 명 중 많은 사람들은 길고 어두운 겨울이 오면 주말마다 다운힐 스키를 타며 지루함을 달랜다. 하지만 온타리오는 언덕이 많은 지형이 주는 축복을 받지 못했다. 그래서 이 지역 스키장에는 사람들이 들끓는다. 당연히 최고의 스키는 오슬러에서 탈 수 있지만 여러분은 리프트 탑승권을 사러 걸어갈 수조차 없다. 오슬러는 가입비 57,500달러에 연회비가 수천 달러에 달하는 개인 스키 클럽이기 때문이다.

작은 언덕에서 스키를 타는 것은 정말 웃기는 일이지만 이것은 단지 스키에 대한 것만은 아니다. 스키를 타고 난 후 모임에서는 투자 은행가나 법률 회사 파트너들을 만나 인적 네트워크를 만들 수 있다. 여러분이 어떤 수확을 거두고 있는 중에 아이들은 놀이방에서 즐겁게 놀 수 있다. 아이들이 나이가 되면 많은 젊은이들이 월드컵 선수가 될 수 있도록 도움을 주는 훌륭한 스키 경기 프로그램도 있다. 숙박시설 본관은 아름다운 기둥 보 구조의 클럽 하우스다.

이것은 총체적인 경험이지만 그것을 판매하려면 고객이

그것이 자신에게 주는 가치를 알아야 한다. 그것이 이 회사가 오슬러에서의 삶을 1년 동안 경험해 본 이후에 회원권을 구매하라는 최후통첩을 하는 1회성 2,500달러짜리 회원권을 판매하는 이유다. 57,500달러를 내라 그렇지 않으면 더 이상 오슬러에서 즐길 수 없다. 어느 해나 체험 회원권의 90%에서 100%가 정상 회원권으로 전환된다.

5백만 명 이상이 사용하는 클라우드 기반 회계 도구 프레시북스(Freshbooks)에서는 주요 검색 섹션인 '가격표 및 가입하기'를 클릭하면 어떤 가격도 보이지 않는다. 대신 30일 무료 체험 프로세스의 시작으로서 회사 이름과 이메일 주소를 입력하는 입력란이 뜬다.

나는 프레시북스의 공동 창업자이자 CEO인 마이크 맥더먼트에게 왜 가격이 가격탭에 위에 잘 보이게 표시되지 않은 건지 물어보았다. 그는 자신의 영업 비결을 모두 밝히려 하지는 않았지만 이 회사가 프레시북스에서 전환 경로의 가능한 조합을 수천 가지 실험했다고 강조했다. 이것은 내가 사람들을 무료 체험에 가입하게 하는 것이 사용자

를 유료 고객으로 전환하는 가장 중요한 첫 단계라는 결론
에 도달하게 한다.

7년 만에 구독자 0명에서 4만 명으로 성장한 고객 지원
소프트웨어 젠데스크(Zendesk) 또한 30일 무료 사용 기간
을 활용하며 기업들이 이 기간 동안 제품을 사용할 수 있
도록 하는 데 모든 창의력을 투자한다. 나는 이 회사가 나
를 어떤 식으로 무료 사용자에서 유료 고객으로 전환시키
려 하는지 알아보기 위해 젠데스크의 무료 체험에 가입했
다. 내가 가입하자, 젠데스크는 내게 5가지 '시작하기' 동
영상 시리즈를 '해야 할 일' 목록과 함께 보기 창에 표시해
제공했다. 동영상을 시청할 때마다 나는 확인 표시를 받
았고 미확인 상자가 하나씩 줄어들었다. 알파벳을 배우면
서 별을 받은 어린 아이처럼 나는 미확인 동영상이 하나
도 남지 않도록 시작하기 동영상 5개를 다 봐야 한다는 압
박감이 들었다. 가입하고 몇 시간 후, 나는 내 무료 체험
을 최대할 활용할 수 있도록 도움을 주겠다는 실제 지원으
로부터 이메일을 받았다. 그리고 나중에 같은 사람이 내
가 젠데스크를 시작할 때 도움을 제공할 전화번호를 주

었다.

무료 체험 과정 내내 젠데스크는 제품 구매를 권하지 않고 내가 그것을 사용하게 하는 데 중점을 두었다. 이것이 단순하지만 중요한 차별점이다. 젠데스크는 여러분이 제품을 써본다면 구독자가 될 가능성이 훨씬 크다는 것을 알고 있다.

여러 해 동안 수천 가지의 전환 경로를 실험했던 앤세스트리닷컴은 현재 자동 전환되는 14일 무료 체험을 사용하고 있다. 여러분은 가입을 하면서 신용카드 정보를 제공하고 바로 14일 무료 체험을 하게 된다. 15일째 되는 날에는 여러분의 카드에 구독비가 된다. 미리 신용카드 정보를 요구하기 때문에 무료 체험 가입률이 떨어지지만 신용 카드 정보를 먼저 확보하는 것이 결국에는 장래에 더 많은 유료 고객들을 낳는다는 사실이 확실히 계산된 것이다.

컨셔스박스는 2년도 채 안 되는 시간에 구독자 3만 명을 유치하기 위해 수천 가지 변형된 체험 프로그램을 테스트

했다. CEO 패트릭 켈리(Patrick Kelly)는 이 회사에서 가장 성과가 좋은 제안은 가망 구독자에게 무료로 첫 번째 박스를 주는 것이라고 설명했다. 컨셔스박스는 체험 구독자에게 무료 박스의 배송비를 청구한다. 그것으로 해당 가입자의 신용카드 데이터를 수집하는 것이다. 가입자가 첫 번째 무료 상자를 받은 후 취소하지 않으면 회사는 매달 배송되는 상자에 대해 구독자의 카드로 청구를 시작한다.

어떤 경우에는 제품의 프리미엄 버전과 무료 체험을 조합하는 것이 구독자를 가입시키는 열쇠가 되기도 한다. 예를 들어 프레시박스에서는 회사가 소프트웨어 30일 무료 체험 서비스를 제공하지만 고객은 무료 견본품 버전을 계속 사용할 수 있기도 하다. 무료 체험은 그것은 한 고객에게만 청구하는 것으로 제한된다. 그 이상의 고객에게 청구하고 싶다면 유료 구독 서비스를 시작해야 한다.

무료 체험 서비스는 소프트웨어에만 국한되지 않고 설명하는 것보다 직접 경험해 보는 게 더 나은 제품이나 서비스라면 효과가 좋을 것이다.

구독 서비스 판매 아이디어 #6:
구독 서비스를 선물처럼 제공하라

선물을 사는 것은 종종 여러분이 다른 사람에 대해 어떻게 느끼는지 표현하는 방법 중 하나다. 누군가 여러분에게 호의를 베풀었을 때 감사 선물을 보내면 감사하는 마음이 표현된다. 생일 선물은 1년에 한번 여러분의 사랑을 보여준다. 결혼 선물에는 여러분의 축복이 담겨 있다.

일회성 선물의 문제점은 선물을 받고 며칠이 지나면 쉽게 잊힌다는 점이다. 이것이 점점 더 많은 고객들이 세월이 흐르면서도 자신의 마음이 계속 전달될 수 있도록 친구와 가족에게 구독 서비스를 사주는 이유이다.

양말 제조업자 풋 카디건(Foot Cardigan)은 매달 '즐겁게 괴상한' 양말 한 켤레를 받는 구독자 2,000명을 보유하고 있다. 이 회사 구독자의 거의 절반은 선물로 받는 사람들이다.

수제 초콜릿을 구독 기반으로 제공하는 서비스 스탠더

드 코코아는 크리스마스나 밸런타인데이 같은 주요 휴일에 발생하는 주문의 최대 75%가 다른 사람들에게 주는 선물이라고 예상한다.

바크박스는 한 달, 석 달, 여섯 달짜리 구독 서비스는 여러분이 아는 애견인에게 감사의 마음을 보여주는 한 방법으로 제공된다.

경고의 말: 문제는 선물 구독 서비스는 갱신이 힘들기로 악명 높다. 구독 서비스 소비자는 구매 결정을 한 당사자가 아니다. 그러므로 갱신을 하려면 그 사람이 구매 과정을 거쳐야만 한다. 선물 구독 서비스를 구매한 사람은 단기 구독 서비스를 구매하는 데 만족하는 경향이 있으며 누군가 영원히 구독 서비스의 혜택을 받도록 하기 위해 돈을 쓰려고 하지는 한다.

매달 구독자들에게 수공예 문구류를 담은 서프라이즈 박스를 보내는 오스틴의 나이슬리 노티드(Nicely Noted)에 400명이 넘는 사람들이 가입한다. 나는 나이슬리 노티드의 창업자 페리 넬슨(Perry Nelso)과 이야기를 나눴다. 그는 선물 구독 서비스의 문제점에 대해 이야기했다. 그녀는 선물 구독 서비스 100건당 2, 3건만이 선물 구독이 만료된 후에도 유료 구독자로 유지될 거라고 추정했다. 반대로 자신이 직접 나이슬리 노티드를 구독하기로 한 일반 구독자 100명 당 90명 이상이 매년 구독자로 남는다고 말한다.

우리는 선물 구독 서비스를 이미 성공한 구독 서비스를 늘리는 한 방법으로 판매할 수 있다. 하지만 구독 갱신율이 낮으면 이것을 구독자를 유치하는 기본 원천으로 삼아서는 안 된다.

구독 서비스 판매 아이디어 #7: 플랫폼에 불을 지펴라

고개의 관점에서 보면 구독 서비스의 가장 큰 장점은 그것이 항상 계속 된다는 것이다. 완판이 확실한 인기 있는 쇼의 콘서트 티켓을 사거나 재고가 한 장밖에 없는 멋진 스웨터를 사는 것과 달리 구독 서비스는 판매가 중단되는 일이 없다. 넷플릭스 스트리밍 서비스는 항상 거기에 있다. 여러분이 새벽 3시에 탑 기어(Top Gear)의 오래전 에피소드를 보고 싶으면 로그인만 하면 된다. 조각하는 법을 배우고 싶은 경우, 동네 미술 학원의 8회짜리 워크숍 중 하나에 참석하느라 고생하지 않아도 된다. 아무 때나 하고 싶을 때 그냥 뉴 마스터스 아카데미를 보면 된다.

이 '아무 때나 할 수 있는' 특징은 소비자들에게는 환상적이지만 구독 서비스를 판매하는 입장에서는 답답한 요소일 수 있다. 여러분의 서비스가 오늘이 다르고 내일이 다르지 않은데 가망 구독자가 굳이 왜 오늘 구매를 해야 하는가? 정확히 똑같은 서비스가 내일도 가능하다면, 꾸물거리다 놓칠 것이 있지 않으면 정말로 행동해야 할 때까지 기다리는 게 인간의 특징이다.

그러므로 좀 저급하고 상투적이긴 하지만 사람들이 가입하게 하는 한 방법은 인위적으로 고객들이 무언가 놓치지 않기 위해 행동을 할 수밖에 없는 다급한 상황을 만드는 것이다.

우리 회사가 마케팅 자동화 소프트웨어 제공업체에 가입했을 때 우리는 결정을 신중히 하느라 몇 달을 보냈다. 구매 사이클의 막바지에 이르렀을 때, 나는 가족 여행 준비를 하고 있었다. 판매 진행의 가속이 막 떨어지자 담당 영업 사원이 우리 앞에 아주 흥미로운 제안을 내놓았다. 이달 말까지 가입하면 라이선스를 이 회사가 보통 청구하는 월 2,400달러 대신 1,000달러로 깎아주겠다는 것이었다. 거의 60%에 이르는 할인율은 휴가를 떠나기 전에 가입 결정을 먼저 해야 할 충분히 흥미로운 보상책이었다. 내가 같은 제안이 다음 달에도 가능하다고 생각했을까? 그렇다. 하지만 내가 행동할 수밖에 없을 만큼 충분히 의심스러운 마음도 있었다.

불타는 플랫폼 전략은 물론 역효과를 낼 수도 있다. 여러분이 제안하는 것이 항상 할인 중이고 여러분이 항상 거래 내용을 바꾼다면 고객을 다음에 어떤 제안이 올지 기다려 보도록 훈련시키는 것이 된다. 그러므로 아주 최고의 영업 사원은 고객이 가입을 결정했고 그것이 언제냐는 문제만 남았을 때 플랫폼에 불을 붙인다. 이미 95%까지 와 있는 가망 고객과 조용하고 진심어린 대화만 하면 된다. 불타는 플랫폼은 떠벌이지 않는 것이 최선이다. 여러분은 구매 사이클의 훨씬 앞쪽에 있는 사람들에게 깎아주는 사람이라는 인식을 주는 것을 피하고 싶을 것이다.

여러분은 고객이 서비스 혜택만으로 서비스에 가입 결정을 하기를 바란다. 하지만 구독 서비스는 항상 진행되기 때문에 가끔 고객의 결정을 재촉하고 그들에게 가입뿐 아니라 오늘 가입해야 하는 이유를 줘야 할 수도 있다.

이 전략은 대개 구매를 결정하고 실행을 질질 끄는 가망 고객들에게만 조용하고 선택적으로 제안할 수 있는 영업 사원이 있는 경우에 가장 효과가 크다.

그 무엇보다도 가장 어려운 영업

이제까지 우리는 구독 서비스 판매에 초점을 두었지만 첫 번째 구독 서비스를 판매하기 전에 성사시켜야 할 예비

영업이라는 것이 있다. 여러분은 직원과 파트너에게 구독 서비스 모델의 이점에 대해 설득해야 한다. 자기 직원에게 순환 매출 흐름을 구축하자고 설득하는 것이 무엇보다 어려운 판매 중 하나일 수도 있다.

영국 리딩(Reading)의 회계사무소 커크패트릭 앤 호프스(Kirkpatrick & Hopes)의 파트너 앤드류 그레이(Andrew Gray)는 고객 청구 구독 비즈니스 모델을 더 단순한 것으로 바꾸고 싶었다. 그레이는 시간 단위 청구 대신 고정된 연회비를 기반으로 청구하는 모델로 전환하고 싶었던 것이다.

그의 아이디어는 매년 초 고객들과 만나 1년 내내 그들을 지원하는 비용이 얼마일지 추정하는 것이었다. 그레이와 고객이 연회비에 합의를 보면 그들은 고객의 계좌에서 커크패트릭 앤 호프스로 연회비의 12분의 1을 전송할 것이다.

그레이의 분석을 보면 이것은 고객과 회사 모두에게 이득이 있는 것으로 드러났다. 고객은 얼마 '안 되는 돈 때문에 찜찜한 기분 없이' 고정된 금액이 주는 명확성와 예측성을 즐겼다.

그레이는 구독 서비스 모델로 전환하면서 그의 회계 사무실이 안정적인 현금 흐름의 혜택도 볼 수 있을 거라는 사실도 생각해냈다. 구식 청구 모델에서 커크패트릭 앤 호프스는 15분 단위로 시간을 계산해 총 금액이 300파운드가 되면 고객에게 청구했다. 이것은 많은 고객들이 이 회사와 작은 금액의 잔금을 가져가고 있다는 것을 의미했다. 그것은 한 고객일 때는 문제가 없지만 전체 고객 기반으로 봤을 때는 큰 현금이 빠져나가고 있다는 것을 의미한다.

그레이는 구독 서비스 모델로 전환하면 고객과 회사 모두 혜택을 볼 거라고 생각했다. 하지만 그는 자신의 직원과 파트너로부터 저항을 받을 거라고는 예상은 하지 못했다. 시간 단위로 고객에게 청구하는 오래된 방식을 포기하기를 주저했다. 왜냐하면 그것이 그 산업에서는 통상적인 방법이기 때문이었다.

여러분이 전통적인 방법으로 고객에게 청구하는 산업에

서 회사를 운영할 때 일반적으로 직원들은 구독 서비스 모델 채택에 저항한다. 예를 들어 회계사들은 그들이 속한 산업을 지배하는 주체들이 그들에게 수여하는 전문가 자격을 얻기 위해 열심히 일해 왔다. 그러므로 그 산업이 일반적인 방식으로 고객들에게 청구를 한다면 그들은 합류하기 위해 그렇게 열심히 노력했던 그 산업에서 일반적으로 행해지는 것을 고수하려는 경향이 있다.

여러분의 첫 번째 영업은 여러분의 직원과 파트너들에게 해야 할 필요가 있다. 그들이 구독 서비스 모델로 전환해서 누릴 수 있는 혜택을 설명해야 하는 것이다. 가장 호소력 있는 부분은 구독 서비스 회사를 위해 일하면 직원들의 업무량이 훨씬 더 예측 가능하게 된다. 여러분은 일별, 월별, 계절별로 고객의 요청이 많을 때와 적을 때가 있는 수요 대신 예측 가능한 비즈니스를 갖게 될 것이며 그에 맞춰 직원을 구성할 수 있다.

앤드류 그레이는 결국 파트너와 직원들을 상대로 구독 서비스 모델의 이점에 대해 설득했다. 그들이 합류한 후 그의 다음 영업은 회사의 서비스를 시간 단위로 지불하고 있던 장기 고객으로 향했다. 그레이는 기존 고객들에게 월 고정비를 약속하면 커크패트릭 앤 호프스가 항상 그들과 함께 할 것이라고 설명했다. 그레이의 고객들은 재무적인 문제에 대해 신속한 의견을 구하기 위해 회사에 전화를 할 때 망설일 필요가 없을 것이다. 그레이는 또한 미리 회계 비용을 알게 됨으로써 고객들이 보다 정확하게 예산을 책정할 수 있다고 주장했다.

결국 그레이는 고객 대부분을 설득해 구독 서비스 모델로 전환시켰다. 현재, 커크패트릭 앤 호프스의 월 매출 7만 5천 파운드 중 70%는 월 평균 375파운드의 가입비를 내는 구독자들에게서 발생한다. 이 회사의 연간 해지율은 0에 가깝다. 그레이는 구독 서비스 모델로 전환하면 직원과 고객들에게 어떤 영향을 주는지 다음과 같이 설명한다.

이제 저희 회사와 고객은 회비 납부에 대해 훨씬 더 높은 정확성과 통제권을 갖고 있습니다. 모든 것이 사전에 합의되죠. 고객과의 업무 관계를 손상시켜왔던 수수료 분쟁이나 논쟁이 몇 건 없습니다. 또한 저희가 구독 서비스 모델로 전환할 때 3개월치 판매에 맞먹는 예기치 못한 현금이 회사에 생기기도 했어요.

구독 서비스를 판매할 때 여러분은 회의적인 소비자들에게 장기적 관계를 맺자고 부탁할 것이다. 여러분이 그것을 제대로 한다면 그들이 떠나기로 결심하지 않거나 결심하기 전까지는 고객이 되어 남아 있을 것이다. 다음 장에서 여러분은 고객들이 왜 구독 서비스를 중단하는지, 그리고 고객들이 가능한 오래 충성심을 갖고 머무르게 하려면 무엇을 할 수 있는지에 대해 알아볼 것이다.

15장

여러분이 구독 서비스 회사를 경영하게 된 이상 이제는 규모를 키울 생각을 해 볼 때다. 여러분이 거대 기업이 되고 싶지 않을 수도 있으니 '생각'이라고 말한다. 네브 랩우드(Nev Lapwood)같은 일부 소유주들은 회사 규모를 의도적으로 작게 유지하고 싶어 한다.

랩우드는 초보 보더가 스노우보드 타는 법을 배우는 데 필요한 정보와 동영상 수업을 구독할 수 있는 회원제 웹사이트 스노우보드어딕션닷컴(SnowboardAddiction.com)을 경영한다. 그는 이 사이트에서 MRR 약 3,300달러(연간 4만 달러)를 벌고 있다. 지난번에 랩우드와 이야기를 나눌 때, 그는 위슬러 산 슬로프에서 잠시 휴식을 취하고 자신의 구독 서비스 매출을 쓰면서 태국의 해변에서 짧은 안식 기간을 가졌다. 아마 랩우드가 버는 돈의 10배는 벌면서도 즉시 그와 자리를 바꾸겠다는 변호사들이 줄을 설 것이다.

이와 유사하게 나이슬리 노티드(Nicely Noted)의 창업자 페리 넬슨(Perry Nelson)에게는 매달 20달러에 수공예 문구류를 담은 상자를 받아보는 구독자가 200명이 넘는다. 그리고 그녀는 작은 규모에 만족한다. 그녀의 목표는 제2의 버치박스가 되는 게 아니라 '정말로 건강하고 편안한 라이프스타일 기업'을 만드는 것이다.

하지만 여러분이 자신의 구독 서비스 회사를 확장하고 성장시키고 싶다면 중점을 두어야 할 두 가지 중요한 사항이 있다. 첫 번째는 우리가 12장에서 보았듯, 고객 생애 가치의 3분의 1보다 더 적은 비용으로 고객을 유치할 방법을 끊임없이 찾아야 한다. 두 번째는 여러분은 해지하는 고객의 수(해지율)를 줄여야 한다.

해지는 떠나는 고객 때문에 손실되는 매출이 신규 고객들로 쉽게 보충되는 초기 구독 서비스 사업 기간에는 종종 무시된다. 하지만 사업이 커질수록 해지는 더욱 해로운 영향을 주게 된다.

예 A: MRR 1만 달러에 해지율 4%

여러분이 MRR 1만 달러에 해지율 4%라고 해보자. 그것은 여러분이 매달 MRR 400달러를 잃고 있다는 뜻이다. 제품이 월 100달러라면 여러분은 잃어버린 고객을 대체할 고객 4명을 찾으러 나가야 한다. 여러분은 아마 여러분의 웹사이트로 들어와 문의하는 사람들 중 고객을 찾을 수 있을 것이다. 고객을 5명 이상 확보하라. 그래야 MRR이 늘어난다.

예 B: MRR 10만 달러에 해지율 4%

이제는 여러분이 비즈니스를 MRR 월 10만 달러로 키웠으나 해지율은 여전히 4%라고 가정해보자. 이제 여러분은 매달 MRR 4천 달러를 잃고 있으므로 잃어버린 고객을 보충하려면 신규 고객 40명을 찾아야 한다. 해지율이 일정하게 4%라고 해도 그저 매출을 일정하게 유지하는 데만 매달 해지 고객의 10배를 유치해야만 한다.

다시 고든 도어티가 캐피탈 팩토리에서 사용하는 간단한 그래픽으로 가보면 해지율이 높을수록 LTV가 더 낮아진다.

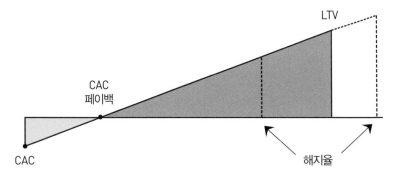

어떤 해지는 피할 수 없다. 워싱턴 DC의 허슬 프리 홈 서비스(Hassle Free Home Services)의 경우, 고객들이 남기는 가장 많은 이유는 그들이 다른 도시로 이사를 가기 때문이다. 두 번째로 많은 흔한 해지 사유는 고객이 죽었다는 것이다.

약간의 해지는 항상 발생할 수밖에 없다. 그래서 해지율을 0으로 낮추려는 것은 하나마나한 전쟁이다. 사람들은 이사하고, 부부는 이혼하고, 어떤 고객들은 파산하고, 다른 사람들은 합친다. 해지를 완전히 없애는 비용이 너무 커서 여러분의 전체 비즈니스 모델이 악화되는 수확 체감의 지점이 있다. 그것이 바로 여러분을 아무 데로도 가지 않는 러닝머신 위에서 달리게 하는 불가피한 해지다.

아무 데로도 가지 않는 러닝머신

구독 비즈니스 대부분은 전통적인 성장 패턴을 따른다. 여러분의 MRR은 처음부터 빠르게 성장한다. 그리고 아무도 해지율에는 큰 주의를 기울이지 않는다. 한 달 한 달 지나면서 더 많은 고객들이 떠나고 매달 잃어버린 것을 대체하는 게 점점 더 큰 일이 된다. 그러 다음 어느 지점에 이르면 여러분은 아무 데도 데려다 주지 않는 러닝머신 위를 걷고 있다. 여러분이 더 이상 고객을 잃어버리는 비율만큼 새로운 고객을 유치할 수 없는 때이다. MRR이 줄어들기 시작한다.

공식은 간단하다.

새 MRR = 해지율 * MRR

MRR이 줄어들면서 떠나는 고객을 대체하는 데 필요한 고객의 수가 점점 더 작아진다. 어느 지점에 이르면 해당 월에 유치한 신규 고객으로 손실된 매출을 대체할 수 있는 지점까지 MRR이 떨어진다. 여러분은 다시 MRR을 키우기 시작한다.

그런 다음 부메랑처럼 MRR이 다시 대체할 수 있는 수준 이상으로 손실되는 지점까지 구축되면 성장이 멈춘다. 여러분은 계속 이 순환을 반복한다. 다시 성장을 시작하기 위한 유일한 방법은 더 효율적으로 고객을 유치하거나 해지율을 낮추는 것뿐이다.

해지율 낮추기

사람들은 제품이나 서비스 자체와 관련된 수많은 이유로 구독을 중단한다. 해지율을 낮추는 첫 번째 단계는 사람들이 떠나는 이유를 이해하고 서비스를 개선하기 위해 여러분이 할 수 있는 것을 하는 것이다.

제품이나 서비스 자체를 넘어서 모든 구독 서비스 비즈니스가 해지율을 낮추기 위해 할 수 있는 기본적인 것들이 있다.

해지율을 낮추기 위한 아이디어 1: 규칙을 어기는 제트기 되기

국제항공운송협회에 따르면 매일 전 세계에서 1십만 여대의 비행기가 이륙과 착륙을 안전하게 있다.

어떻게 그 모든 비행기들이 하늘에서 충돌하지 않고 다

닐 수 있는지 궁금한 적이 없는가? 여객기들은 동쪽으로 향하는 비행 트래픽은 홀수 고도(예, 31,000피트, 33,000피트)에, 서쪽으로 향하는 비행 트래픽은 짝수 고도(예, 32,000피트, 34,000피트)에 있는 상상의 길을 따라 하늘을 난다. 상공에서 서로를 향해 비행하는 두 비행기는 항상 마주치지만 한 비행기는 다른 비행기보다 1,000피트 높이 날고 있다. 조종사들은 다가오는 비행기에 반응하지 말아야 한다. 물론 그렇지 않으면 규칙을 어긴 제트기가 잘못된 항로를 타게 되어 정상적인 틀을 교란하게 된다.

구독 비즈니스를 구축할 때 여러분은 규칙을 어기는 제트기가 되어야 한다.

여러분은 제품이나 서비스를 끼워 넣어 고객의 일상을 새롭게 만들 수 있도록 그들이 자동조종장치 앉아 일상을 계속 반복하게 하는 관성을 어떻게든 깨야 한다. 해지율은 사용과 직접적인 관계가 있다. 가입자들이 서비스를 많이 사용할수록 해지 확률은 낮아진다. 고객에게 착 달라붙어 있는 구독 서비스 회사는 자신을 고객의 일상에 끼워 넣는 것을 자신의 임무로 만든다. 고객이 여러분의 제품이나 서비스를 피해 계속 자신의 업무를 할 수 있다면 업무를 완수하기 위해 여러분과 소통해야 하는 경우보다 훨씬 해지율이 높을 것이다.

남자들은 대부분 매일 면도를 하고 욕실을 사용한다. 그러므로 달러 셰이브 클럽 구독자들은 적어도 하루에 한번 회사가 제공한 제품과 소통한다. 그것은 여러분이 한 달에 한 번 읽는 잡지보다 훨씬 더 해지하기 어려운 구독 서비스다.

셀러빌러티스코어닷컴에서 우리 영업 대표는 고객의 연락처 정보를 관리하고 영업을 추적할 수 있도록 해주는 구독 서비스인 세일즈포스닷컴을 사용한다. 우리는 또한 세일즈포스닷컴을 달력으로 사용해 사람들이 서로의 일정을 알 수 있도록 한다. 우리 영업 사원들은 자신의 일일 목표를 세일즈포스에서 추적하며 계획 대비 어느 지점에 도달했는지 알 수 있다. 우리는 이어서 세일즈포스에서 고객들에게 바로 견적서를 보낼 수 있도록 플랫폼을 맞춤 설정했다.

알고 보면 우리는 혼자가 아니다. 세일즈포스닷컴의 월 해지율은 1% 정도 된다. 1%라도 SAP 같은 회사에 비하면 높은 편이다. SAP는 매우 큰 규모의 기업 고객들의 일상과 아주 잘 융합되어 연간 빠져나가는 고객이 약 5%로 월로 따지면 0.5%미만이다.

해지율 낮추기 아이디어 2:
90일 승선 시계를 보아라

공기가 상쾌하다. 여러분은 거리에서 에너지를 느낄 수 있다. 시내로 가는 길에 코너를 돌자 밤하늘 위에서 커다란 건축물이 빛나고 있는 게 보인다. 그리고 곧 그것이 시계라는 것을 알게 된다. 하지만 이 시계는 달라 보인다. 이 시계는 숫자가 큰 방향으로 가는 대신 작은 방향으로 간다. 한국의 평창에서 있는 이 시계는 2018년 동계 올림픽까지 남은 날과 시간, 분을 향해 가고 있다.

이제 같은 시계가 여러분 사무실 문 위에 걸려 있다고 상상해보라. 새로운 고객이 가입하자마자 시계가 90일에서부터 시작해 움직이기 시작한다. 이것은 여러분이 그 고객이 성공적으로 서비스를 사용하게 해야만 하는 시간이다. 제대로 하라. 그러면 고객은 앞으로 몇 년 동안 계속 구독을 유지할 것이다. 일을 잘 못해서 고객 적응 업무가 잘 안 되면 고객이 여러분을 떠날 확률은 커지고 그 고객의 기대 생애 가치는 곤두박질 칠 것이다.

제이슨 코헨(Jason Cohen)은 워드프레스(WordPress) 웹사이트를 호스팅하는 회사인 구독 기반 WP 엔진(WP Engine)을 비롯해 네 개의 회사를 창업한 사람이다. WP 엔진은 한 달에 신규 고객이 1,000명 이상 온보딩한다. 그리고 제이슨은 처음 몇 달간 고객 관계를 제대로 형성하는 데 많은 생각을 한다.

한 달에 온보딩하는 신규 고객이 1,000명이라는 규모의 파급력을 생각해보세요. 그런 경우 서비스 문제가 생기면 우리와 30일에서 60일 정도 함께 했을 뿐인 고객에게 영향을 줄 수밖에 없습니다. 그러니까 그 문제가 '나쁜 첫 인상'을 주게 되는 거죠. 그것은 3년 간 우리와 함께 한, 그래서 '인내라는 은행 구좌'를 구축한 고객보다 다루기 더 어려운 일이예요.

새로운 은행 고객 온보딩하기

여러분은 은행 계좌를 일종의 구독 서비스로 여길 수 있다. 여러분은 온라인 뱅킹 소프트웨어를 통해 계좌에 접근하는 대가로 한 달에 몇 달러를 은행에 낸다.

은행에서 90일이라는 온보딩 기간은 너무나 중요하다. 그래서 새로운 계좌 소유주와 첫 90일 경험 기간을 제대로 할 수 있는 방법에 대해서만 고민하는 관리자들로 구성된 온전한 팀이 있을 정도다.

통합 지불 솔루션 제공업자이자 은행 산업의 베테랑 할랜드 클라크(Harland Clarke)는 금융 조직 고객들은 계좌를 연 후 첫 3달 이내에 계좌를 닫는 경향이 아주 높다는 사실을 알아냈다. 90일이라는 시점이 지난 후, 고객들이 새로운 계좌 특성에 정착하면서 해지율이 안정화된다. 할랜드 클라크는 또한 은행이 신규 고객에게 두 번째 상품을 교차 판매할 수 있는 기간은 첫 30일 동안으로 길긴 하지만, 첫 달이 지나면 바로 그 기회가 없어진다는 사실도 알아냈다.

피트니 보우즈(Pitney Bowes)의 영국 자회사 포트레이트 소프트웨어(Portrait Software) 또한 온보딩이 은행 고객의 생애 가치에 끼치는 영향을 이해하고 있다. 이 회사는 백서에 다음과 같이 썼다.

시계가 90일(고객 온보딩 기간) 다 돌아가는 시점이면 고객의 생애 가치와 수익성이 사실상 거의 확정되어 있을 것이다.

신규 계좌가 열린 후 처음 90일은 몇 가지 중요한 고객 경험 요소에 의해 특징지어지는 특히 민감한 기간이다.

고객은 높은 수준의 의사소통을 기대한다.

그들은 개인 정보에 대한 질문을 받을 것으로 예상한다.

그들은 '전환 모드'에 있으며 새로운 제안에 응할 준비가 되어 있다.

그들은 '정착'하기 전에 떠날 확률이 훨씬 더 높다.

가입자 온보딩은 은행업 이외에서도 중요하다. 나이슬리 노티드에서 창업자 페리 넬슨은 신규 구독자마다 '계속 연락해요, 페리'라는 다정한 문구로 끝을 맺는 메모를 개인적으로 써서 보낸다. 고객의 온보딩 경험에 관심을 둠으로써 넬슨은 구독자 400명 중 해지하는 사람이 한두 명밖에 안 되는 낮은 수준의 해지율을 계속 유지할 수 있게 되었다.

미쿠오다에서 출판업 컨설턴트를 하고 있는 돈 니콜라스(Don Nicholas)는 잡지 구독 웹사이트의 구독자 생애 가치에 온보딩 경험이 큰 영향을 준다는 것을 알고 있다. 2000년대로 돌아가, 니콜라스는 온라인으로 잡지 구독을 판매하기 위해 설립된 벤처 자본 회사인 블루 돌핀(Blue Dolphine)의 수장이었다. 블루 돌핀은 다양한 출판업자들의 콘텐츠를 통합하고 특정 주제에 관련해 선정된 기사를 이메일 기반 구독자들에게 보내주었다. 매 기사마다 독자들에게 기사가 원래 게재된 잡지를 구독하라는 제안이 함께 실렸다.

블루 돌핀의 제품 중 하나는 1백 7천만 구독자를 자랑하는 여자들의 생활(Women's Living)이라는 뉴스레터였다. 여자들의 생활은 패밀리 서클(Family Circle)같은 대중적인 출판물과 요가 저널(Yoga Journal)같은 보다 소수가 즐기는 출판물 60개 잡지의 콘텐츠를 종합했다. 여자들의 생활 편집자는 콘텐츠가 모두 균형 잡힌 시각으로 선별되었다는 것을 보여주기 위해 60개 잡지에서 공평하게 콘텐츠를 가져와 뿌리는 것으로 뉴스레터를 시작했다.

그런 다음 블루 돌핀 팀이 여자들의 생활 구독 관계가 시작하고 처음 열흘 동안 한 고객 코호트에게 전환율이 높은 상위 10개 잡지의 기사만 보내는 실험을 해보기로 했다. 일반적인 편집자에게는 처음 10일 동안 선별된 최고의 콘텐츠를 모두 날려버린다는 생각은 무척 혐오스러운 일이었다. 하지만 니콜라스와 같은 구독 서비스 마케터에게는 말이 되는 일이었다.

1년 후, 니콜라스와 그의 팀은 가입 처음 10일 동안 상위 콘텐츠만 받은 구독자들의 생애 가치와 60가지 잡지 모두가 담긴 보다 균형 잡힌 콘텐츠를 받아본 가입자들의 생애 가치를 비교했을 때 처음 10일 동안 '인기 있는 콘텐츠'를 받은 구독자들이 대조군보다 세 배 더 가치 있는 것으로 나타났다. 즉, 블루 돌핀이 가입자와의 관계가 시작된 지 처음 10일에 가치를 보따리를 많이 싸서 보내면 일반 고객의 생애 가치를 세 배로 높일 수 있다는 말이다.

타성과 싸우기

사람들이 댄스스튜디오오너닷컴같은 웹사이트든 타이거 21같은 투자 클럽이든 어떤 서비스든 구독을 멈추는 이유 중 하나는 그들이 사용하지 않는 것에 대해 돈을 내고 있다고 느끼는 것이다.

그러므로 여러분의 구독 비즈니스의 가장 큰 경쟁자는 경쟁 서비스가 아니라 고객들이 여러분의 서비스를 사용하지 않는 습관이다. 고객들이 가입한 구독 서비스에 맞춰 자신의 행동을 바꾸고 실제로 서비스를 사용해야 한다. 여러분이 고객들의 오래된 습관을 바꾸고 여러분 자신을 그들이 일상에 끼워 넣을 수 있는 기간은 짧다. 그 기간은 그들이 구독 서비스를 구매한 후 그에 대한 흥분이 사그라지기 전인 처음 몇 주다.

여러분이 LA 피트니스(LA 피트니스)에 회원으로 가입하면 그 회사는 짧은 기간 동안 여러분이 체육관에 오는 습관이 들도록 한다. 새로운 운동 습관을 초기에 잡는 데 실패하면 여러분은 회원권을 포기하기 쉬울 것이다.

허브스폿은 2011년 월 3.5%던 해지율을 2013년 2% 아래로 줄였다. 그리고 해지율 축소의 커다란 공은 온보딩을 개선한 데 있다고 믿고 있다. 내가 허브스폿의 서비스 부문 부회장이자 온보딩 경험에 대한 중요한 기획자 중 한 명인 프랭크 어거(Frank Auger)와 대화를 나눌 때, 그는 온보딩에 접근하는 4가지 단계에 대해 다음과 같이 설명했다. '우리는 우선 어떤 것이 효과가 있는지 알아보기 위해 온보딩을 일일이 직접 작업합니다. 그런 다음 온보딩 경험을 최적화하기 위해 많은 것을 실험하죠. 일단 무엇이 효과가 있는지 알게 되면 그것을 자동화합니다. 마지막 단계는 배운 내용을 소프트웨어 자체로 통합하는 겁니다.'

허브스폿은 고객들이 마케터에게 중요한 주요 주제에 대한 60분짜리 교육 웹 세미나에 참석하도록 하는 데 중점을 두어왔다. 테스트를 통해 회사가 알아낸 것은 소프트웨어에 바로 내장된 더 짧은 동영상이 온보딩 경험으로서 더 효과가 있다는 것이었다. '사람들은 가입을 하고 한 시간이나 되는 웹 세미나에 앉아 있고 싶어 하지 않아요. 새로운 허브스폿 고객이 특정 업무를 어떻게 해야 하는지 알고 싶으면 오히려 3분짜리 동영상을 바로 보고 싶을 겁니다.'라고 어거가 말했다.

하슬 프리 홈 서비스의 창업자 짐 베이고니스(Jim Vago-nis)는 새 집에 대한 내용이 하나도 빠짐없이 들어 있는 목록을 포함해 온보딩 경험을 설계했다. 새 고객이 가입을 하면 베이고니스는 기사를 붙여 상들리에 전구의 와트까지 꼼꼼하게 해당 집의 검사를 마치도록 한다. 이것은 교체할 것이 생기면 기사가 매달 약속한 시간에 방문해야 할 때 교체품이 항상 밴에 실려 있고 같은 달에 기사가 두 번 방문하는 일은 거의 드물다는 것을 의미한다.

미리 철저하게 검사하는 것은 신규 고객에게 자기가 구매한 서비스의 깊이를 보여주어 고객들의 마음을 편안하게 해주고 집 관리도 원활하게 한다. 베이고니스는 자신의 자산 관리를 완전히 위임한 고객들이 연간 계약을 갱신할 가능성이 훨씬 더 높다는 것을 알아냈기 때문에 이점은 매우 중요하다.

90일 표지자

온보딩 경험 최적화는 구독 서비스 회사 대부분이 항상 이리저리 변경하고 있는 정밀하지 않은 과학이다. 구독 서비스의 인상을 테스트하는 데 가장 문제가 되는 부분은 여러분이 해지율 변동이 주는 영향을 바로 알 수 없다는 것이다. 여러분은 대부분의 구독 서비스 회사가 '코호트(cohorts)'라 부르는 고객 그룹을 시간에 따라 추적해 온보딩 변경이 고객들의 행동에 어떤 영향을 주는지 알아보아야 한다.

여러분이 변경한 내용이 바람직한 효과를 주고 있는지 알아보기 위해 기다리며 시간을 보내는 대신 90일 표지자(marker)를 고려해 보는 것도 좋을 것 같다. 의사들은 환자가 향후 심장병이 생길 가능성에 대한 표시로 높은 콜레스테롤 수치를 사용한다. 이와 마찬가지로 여러분에게는 미래의 성과(로열티)를 예측해주는, 측정 가능한 90일 표시자 세트가 필요하다.

셀러빌러티스코어닷컴에서 우리는 우리 조언자들(비즈니스 코치, 회계사 등)에게 우리 플랫폼의 라이선스를 준다. 그들은 우리 툴을 자신의 고객들에게 제공할 수 있도록 자신의 웹사이트에 HTML 코드를 한 줄 심어둔다. 우리가 신

규 구독자들이 자신의 사이트에 그 코드를 심고 처음 90
일 동안 최소한 보고서 다섯 편을 성공적으로 생성할 수
있게 한다면 그 고객들은 우리 툴을 성공적으로 사용하는
데 90일 이상 걸린 경우보다 우리를 떠날 가능성이 현저히
낮다.

   그러므로 온보딩 전략을 실험할 때 우리는 변경 사항이
90일 표지자에 미치는 영향을 측정해야 한다. 온보딩 전략
이 한 고객의 생애 가치에 실제로 미치는 영향을 알아보려
면 수 년을 기다려야 한다. 하지만 우리가 시도하고 있는
것이 우리가 충성심과 연결되어 있다고 알고 있는 표지자
에 긍정적인 영향을 주는지 여부를 알기까지는 딱 3개월이
면 충분하다.

해지율을 낮추는 아이디어 3:
성공하는 데 들이는 시간을 줄여라

서핑을 배우는 것은 어려운 일이다. 여러분은 파도에 휩

쓸리지 않고 물결 사이로 빠져나오는 법을 알아내야 한다. 그것을 배우고 나면 파도에 타이밍을 맞춰야 한다. 좋아하는 파도를 몰려오면 몸을 돌려 큰 파도의 페이스에 맞춰 빠른 속도로 패들링을 시작해야 한다. 그리고 엎드려서 파도에 올라타면 보드에 붙어 있던 가슴을 들어 올리고 그 위에 서는 법을 그 자리에서 터득해야 한다.

한 가닥 희망이 없다면 모든 처음 스포츠를 배우는 사람들은 그냥 그만 두려할 것이다. 여러분이 두 번째 또는 두 번 파도를 타는 순간 물러가는 물의 장벽에 올라타고 싶은 마음, 여러분의 보드가 마치 눈으로 된 새로운 발이라도 되는 듯 물을 가르는 느낌을 느끼고 싶은 욕구가 생긴다. 파도 맨 위에 서는 그 순간은 여러분이 계속 서핑을 배우게 될 동기가 될 만큼 더 없이 행복한 것일 수 있다.

서핑처럼 사람들이 처음 90일 내에 여러분의 제품이나 서비스에 익숙해지도록 하는 여러 작업 중 하나는 그들이 단기 성취감을 느끼고 더 배우고 싶다는 동기를 갖게 하는 것이다.

이메일 마케팅 회사인 콘스턴트 콘택트는 신규 고객들이 회사의 소프트웨어를 사용하기 시작하도록 하기 위해 '누가, 무엇을, 언제'라는 프로세스를 사용하기 시작했다. 소프트웨어 엔지니어들에게는 논리적인 이 프로세스의 처음 단계에서 사용자들에게 '누구에게' 이메일을 보내고 싶은지 물었다. 이 때문에 신규 사용자들은 연락처를 적은 엑셀 스프레드시트를 포맷하고 업로드하는 까다로운 과정부터 시작해야만 했다.

콘스턴트 콘택트 CEO 게일 굿맨(Gail Goodman)과 그녀의 팀은 고객 목록을 업로드하기 위해 사용자들이 콘스턴트 콘택트를 떠나 자신의 하드 드라이브 또는 다른 서비스 어딘가에 있는 고객 목록을 찾아야 한다는 것을 알게 되었다. '누구에게'로 시작하는 프로세스는 최종 사용자들의 좌절감으로 채워졌다. 최종 사용자들은 때때로 고객 목록을 업로드하는 게 너무나 복잡한 나머지 구독을 취소하기도 했다.

굿맨은 바꾸기로 결정하고 온보딩 프로세스를 '무엇을'

로 시작했다. 콘스턴트 콘택트는 신규 고객들이 스프레드시트로 시작하는 대신 자신의 캠페인을 디자인하는 것으로 시작하게 했다. 캠페인을 만드는 작업은 고객들이 자신의 아이디어가 그림이나 템플릿으로 표시되는 것을 볼 수 있는 재미있는 일이었다. 고객이 '무엇을'을 개발하는 데 시간을 투자하고 자신이 만든 캠페인에 대해 충분히 칭찬을 받은 상태에 이르면 그 때 콘스턴트 콘택트가 연락처 목록을 업로드해 달라고 요청한다. 이런 단순하지만 중요한 변화를 통해 콘스턴트 콘택트는 신규 고객과의 관계에서 첫 90일을, 결국 한 고객의 평균 생애 가치를 개선했다. 이 차이는 신규 고객들에 대한 신속하고 이른 칭찬에 초점을 두고 있다. 굿맨은 콘스턴트 콘택트가 배운 것을 다음과 같이 자세히 설명한다. '결국 고객을 이동시키는 작업을 하는 길은 사람들이 여러분의 제품을 써보거나 구매할 때 칭찬 받는 경험을 반드시 갖게 하는 것이 전부예요. 고객들은 자기를 띄워주는 지식과 결과에 더 빨리 도달하거든요.'

해지율을 낮추는 아이디어 4: 미리 청구하기

온보딩 기간 동안 여러분이 필요로 하는 행동 변화를 더 많이 끌어내는 비결 중 하나는 미리 청구하기다.

구독료를 미리 청구하는 것은 고객이 1년 간 매월 갱신할 경우 발생하는 가치를 빠져나가지 못하게 묶어두고(환불을 해주지 않는 경우) 고객의 현금을 미리 확보하는 것을 의미한다. 그것은 고객들의 갱신 가능성을 훨씬 더 높게 만들면서 그들이 여러분의 구독 서비스를 배우고 채택하는 데 더욱 더 전념하도록 한다. 여러분이 가입할 때 5천 달러를 내면 매월 399달러를 내는 경우보다 처음 90일에 훨씬 더 충실히 사용법을 배울 것이다.

와일드 애프리콧은 2장에서 소개된 소프트웨어 회사로 기업의 웹사이트를 관리해주는 일체형 툴을 제공하는데 그것은 이메일 플랫폼과 자금 모금 툴, 이벤트 관리자가 내장된 비교적 복잡한 솔루션이다. 와일드 애프리콧의 고객들은 일반적으로 작은 규모의 비영리 단체로 기술적인 스킬이 부족해 가입자들이 구매를 하면 드미트리 부터린 (Dmitry Buterin)과 그의 팀이 플랫폼 사용법을 가르쳐주는 것이 매우 중요하다.

부터린은 고객들에게 1년 치를 미리 내면 10% 가격 할인을 해주겠다고 한다. 고객 700명 중 52%가 선불을 낸다. 그리고 그는 고객이 시작할 때 선불로 재정적인 투입을 크게 하면 할수록 툴을 더 많이 배우고 싶어 한다는 사실을 알게 되었다. 선 청구는 와일드 애프리콧이 월 8%까지나 높았던 해지율을 약 1%로 끌어내리는 데 사용했던 여러 전략 중 하나다.

사이클은 직감적이다: 고객이 선불을 더 많이 낼수록 '돈의 값어치를 뽑는 데' 필요한 행동을 하려는 동기가 더 커진다. 그들이 서비스를 자신의 일상에서 많이 채택하면 할수록 앞으로 더욱 더 서비스를 떠나지 않고 붙어 있게 된다.

여러분은 선 청구가 구매 1년 즈음 취소로 이어지는 데

미치는 효과가 궁금할 수 있다. 아무래도 신용 카드에 청구된 2,000불이 199달러짜리 구매 건보다 더욱 더 주의를 끈다. 나는 여러분이 12장에서 만났던 벤처 투자가이자 많은 구독 서비스 회사들에 조언을 하고 있는 데이비드 스코크에게 이 질문을 던졌다. '실제로 선청구는 1년까지의 해지율을 줄여줍니다. 여러분이 선청구를 하면 고객은 여러분의 서비스를 익히기 위해 더 많은 시간을 투자합니다. 그로 인해 장기적으로 그들이 더 끈끈한 고객이 되는 거죠.'라고 그는 대답했다. 내가 이 책에서 인터뷰했던 구독 서비스 회사의 창업자 대부분은 스코코가 발견한 내용을 반복해 말했다. 고객이 선불을 내면 그들은 당신에게 더 깊이 전념하고 결과적으로 더 오래 머물게 된다.

해지율을 낮추는 아이디어 5:
들뜬 연인처럼 소통하라

여러분의 인생에서 진정한 첫사랑을 회상해보라. 연애 처음 몇 달 동안에는 서로 연락을 많이 했을 거라 짐작한다. 매일 통화하고 메시지를 보내고 직접 만나 대화도 많이 했다. 그런 다음 새로운 유대감에 대한 흥분이 오래 만난 관계가 주는 편안함에 자리를 내주면 소통하는 빈도가 더 안정적인 박자로 진정되었다.

신규 구독자를 새로운 연인으로 생각하라. 새 연인은 여

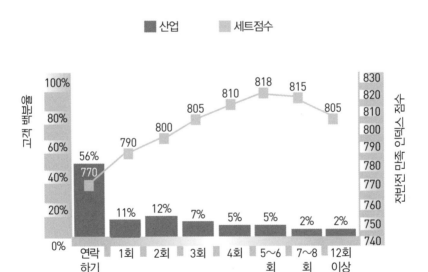

2014년 미국 소매 은행 만족도 연구

■ 산업　■ 세트점수

업계 평균 주거래 은행이 보유한 제품 수

연락하기 전	1회	2회	3회	4회	5~6회	7~8회	12회 이상
2.6	3.1	3.4	3.4	3.5	3.4	3.4	3.4

러분을 빨리 이해하고 싶어 마음이 급하다. 오래된 구독자는 얼마가 지나면 여러분이 끊임없이 연락하는 걸 성가시게 생각할 것이다. 반면 신규 구독자들은 여러분의 연락을 환영하며 서로 소통하는 데 시간을 많이 들이려 할 것이다.

90일 표시자가 지나면, 신규 가입자들은 그러한 관계에 자리를 잡는다. 여기서 지나치게 자주 연락을 하면 실제 해지로 이어질 수 있다. J.D 파워 & 오소시에이츠(J. D. Power & Associates)는 신규 소매 은행 고객에 대한 종합적인 연구를 수행해 서비스 첫해 5, 6건의 의사소통에서 만족도가 최고조에 달한다는 것을 알아냈다. 아래 차트에서 볼 수 있듯이 만족도는 7번 째 의사소통 때부터 떨어지기 시작한다.

J.D 파워 앤 어소시에이츠의 연구는 은행에 국한되었지만 신규 고객과 지나치게 많이 소통해야 하는 필요성은 모든 산업에 걸쳐 존재한다. 90일 표지자에서 최상의 결과를 얻으려면 의사소통 유형과 매체, 빈도를 다양하게 결합한 실험을 고려해보라.

해지율을 낮추기 위한 아이디어 6:
'행복의 폭탄'을 투하하라

모든 좋은 관계가 그러하듯 고객과 거래를 할 때 그들을 자연스럽게 대하고 예상 밖의 놀라운 일을 안겨주는 것이 중요하다. 연인들은 생일날 받은 커다란 선물보다 기대치 않았던 순간에 받은 작은 선물에 더 감동한다. 직원들은 종종 이미 기대하고 있던 연말 보너스보다 작지만 뜻밖의 감사 선물을 더 좋아한다.

훌륭한 구독 서비스 회사들은 항상 가입자들을 위해 놀랄만한 작은 선물을 간간이 제공한다. 버치박스는 이들 자연스러운 선물을 '행복의 폭탄'이라고 부른다. 이 회사 직원 중 2명이 깜짝 선물을 받을 개를 찾기 위해 고객들을 샅샅이 뒤지는 일을 전담하고 있다. '행복의 폭탄'은 손 편지와 함께 보내진다. 이것은 내가 그곳 사람들과 이야기를 나누기 한 달 전에 바크박스가 행복의 폭탄을 504개를 발송한 것을 생각해보면 결코 쉬운 일이 아니다.

바크박스의 커뮤니케이션 부문 이사, 크리스 오브라이언(Chris O'Brien)이 두 마리 개 중 한 마리가 나이 들어서 죽은 구독자의 이야기를 들려주었다 개 주인과 남은 개가 모두 상심에 빠져 있었다. 바크박스 고객 서비스팀이 이런 사실을 알고는 짝꿍을 잃어버린 개를 위해 먹을 것과 장난감을 담은 특별한 상자를 만들었다.

바크박스처럼 아트 스낵스(Art Snacks)도 서프라이즈 박스 구독 모델에 투자해 매달 구독자들에게 미술용품을 담은 상자를 보낸다. 상자 내용물이 깜짝 선물일 뿐 아니라, 회사는 미술용품과 상관없는 사탕도 상자마다 담아 보내기도 한다. 사탕 하나 추가하는 사소한 일로 고객을 놀라게 하는 것이다.

모든 구독 서비스 모델 중 최고인 아마존 프라임조차 스타일 전략이라는 행복의 폭탄을 실험하고 있는 것 같다. 2014년 초, 월 스트리트 저널은 아마존이 '예상 배송 시스템'으로 특허를 받았다고 보도했다. 이 시스템에서는 여러분의 과거 배송 이력을 통해 여러분이 무엇을 좋아할 것인지 미리 예상한다. 자신의 특허 받은 앱을 통해, 아마존은 '호감도를 높이기 위해 판촉 선물로 특정 고객에게 패키지를 배달하는 것이 도움이 될 것 같다'고 밝히면서 프라임 가입자들의 과거 구매 이력을 기반으로 그들이 좋아할 것 같은 제품의 형태로 '행복의 폭탄'을 보내는 것을 계획할지도 모른다고 암시했다.

구독 서비스 사업을 구축하면, 여러분은 가입자에 대한 몇 트럭 분량의 데이터를 모으게 될 것이다. 그 정보를 사용하여 때때로 가입자들을 놀라게 한다면 오랫동안 생기 있고 좋은 관계를 유지할 수 있을 것이다.

해지율을 낮추기 위한 아이디어 7:
더 규모가 큰 기업을 타깃으로 하라

구독 서비스로 다른 기업을 타깃으로 하는 경우 주로 소기업을 유치하면 해지율이 높아질 것이다. 그러므로 해지율을 낮추는 한 가지 방법은 약간 더 규모가 큰 기업을 타깃으로 하는 것이다. 규모가 큰 기업은 보통 더 안정적이다. 그리고 더 많은 직원이 일하고 있고 돈 몇 푼에 사업 전략을 변경할 가능성도 적다.

반대로 소기업과 자영업을 하는 개인들은 종종 일자리 시장에 첨예하게 반응한다. 시장이 좋아지면 많은 자영업자들이 다른 누군가를 위해 일하기 위해 일터로 돌아가면서 함께 일하던 기업과 거래를 중단한다. 클라우드 기반 회계 플랫폼 프레시북스닷컴은 일자리 시장이 확장되거나 축소됨에 따라 직장에 들어갔다 나왔다 하는 개 돌보미나 그래픽 디자이너, 카피라이터 등을 타깃으로 하고 있기 때문에 큰 규모의 기업을 타깃으로 하는 또 다른 클라우드 기반 회계 플랫폼인 넷스위트닷컴(Net Suite.com)보다 자연적인 해지율이 더 높다.

또한 자영업자들은 큰 회사들처럼 엄격하게 사업비용과 개인비용을 분리할 수 없기 때문에 가격에 훨씬 더 민감하다. 자영업자들은 가정에서 돈이 쪼들리면 삭감할 수 있는 꼭 필요하지 않은 순환 발생 비용을 찾게 된다. 여러분이 전 세계에서 가장 큰 구독 서비스 회사를 갖고 있을 수도 있지만, 아주 작은 기업을 타깃으로 하고 있다면 피할 수 없는 해지를 경험하게 될 것이다.

여러분이 고객 유치 비용(CAC)의 맥락에서 타깃 시장을 정하고 싶게 될 거라는 점을 명심하라. 규모가 큰 고객이 더 *끈끈하기는* 하지만 유치하기 또한 더 힘들다. 구매 결정은 위원회에서 이루어지며 여러 단계 승인을 거쳐야 한다. 그리고 실행 부서에서 구매 내용을 면밀히 검토한다. 이렇게 구매 주문은 대기업의 모든 조직을 통과해 천천히 결정되는 데 몇 주가 걸릴 수도 있다. 규모가 큰 기업을 타깃으로 하면 대개 더 길고 더 복잡한 판매 사이클의 결과로 CAC가 높아진다.

해지율을 낮추기 위한 아이디어 8:
'순 해지율'에 초점을 두어라

잃어버린 매출을 보충하는 또 다른 방법은 기존 고객

을 업그레이드하는 데 중점을 두는 것이다. 와일드 애프리 콧을 다시 한 번 살펴보자. 2013년 가을 와일드 애프리콧 은 월 평균 60달러를 지불하는 고객 6만 4천 명으로 MMR 384,000달러를 내고 있었다.

아래 차트에서 볼 수 있듯이, 부터린과 그의 팀은 지난 5년에 걸쳐 현재 수준인 월 약 1%로 해지율을 낮추는 데 공을 들였다.

해지율 %

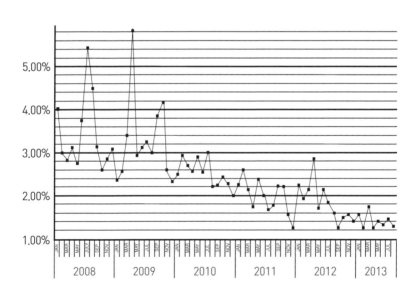

이것은 와일드 애프리콧이 매월 MRR에서 384,000달러의 약 1% 또는 3,840달러의 손실을 보고 있다는 것을 의미한다. 좋은 소식은 이 회사가 기존 고객을 업그레이드해서 손실되는 매출의 많은 부분을 보충하고 있다는 것이다. 와일드 애프리콧의 가격은 월 25달러에서 200달러 범위에 있다. 이 회사의 프로페셔널 플랜은 월 100달러에 판매되는 반면 커뮤니티 플랜은 월 50달러에 판매된다. 그러므로 커뮤니티 가입자를 프로페셔널 가입자로 올릴 수 있다면 MRR에서 추가로 50달러를 벌어들일 수 있다. 고객 10명을 업그레이드하면 와일드 애프리콧은 MRR에서 추가로 월 500달러를 얻게 되며 순 해지는 3,340달러(3840달러-500달러)로 떨어진다.

순 해지 = 총 해지 - 업그레이드 매출

순해지율은 위에서 백분율로 표시된 숫자가 된다. MRR 384,000에 대한 순해지 3,340달러의 백분율은 0.9%(3,340달러를 384,000달러로 나누고 100을 곱한 값)다.

와일드 애프리콧의 순 해지율는 0.5%에 근접하고 있다. 이는 회사가 해지로 인해 손실된 매출 거의 전부를 업그레이드를 통한 신규 매출로 보충하고 있다는 것을 의미한다. 0.5%에 가까운 해지율을 가진 이 회사는 빠르게 성장할 수 있다. 신규 가입자마다 MRR이 증가하고 있다. 요즘 와일드 애프리콧은 아무 데도 가지 않는 러닝머신을 뚫고 나갔다. 그리고 이제 연 25%로 성장하고 있다.

해지율을 낮추기 위한 아이디어 8:
교차 판매로 '로고 해지' 줄이기

로고 해지는 모든 구독 서비스 회사가 절대로 저지르면 안 되는 심각한 실수다. 이것은 어떤 회사 또는 B2C 상황에 있는 개인이 여러분과 비즈니스를 함께 하는 것을 모두 중단했다는 것을 의미한다. 이것은 여러분이 회사 웹사이트의 만족한 고객 목록에서 해당 회사를 삭제했다는 것을 의미한다. 설상가상으로 여러분은 그들과 고객으로서 정기적으로 연락을 할 수도 없게 된다. 이것은 또한 여러분이 그들 앞에 좋은 서비스를 내놓고 다시 가입하도록 설득할 수 있는 기회도 줄어든다는 것을 의미한다.

또한 로고 해지는 여러분이 현 신용 카드에 대금을 정기적으로 청구할 수 없게 되거나 한 기업의 구매부서가 '승인한 벤더'로서의 지위가 사라진다는 것을 의미한다. 고객이 처음으로 상거래 관계를 설정하는 단계를 거쳐야 하는 경우보다 현재 이미 청구 관계를 맺고 있는 고객을 새로운 구독 서비스로 전환시키는 것이 훨씬 더 쉽다.

로고 해지를 줄이는 열쇠는 같은 회사나 개인에게 다양한 구독 서비스를 많이 제공하는 것이다. 고객이 어떤 구독 서비스가 자기들과는 맞지 않는다고 결정하는 경우 다른 서비스 구독은 계속 유지하면서 그 서비스에는 신경을 끊을 수 있도록 해라. 그 회사는 여전히 고객이다. 그러므로 '로고 해지'에 부정적인 영향을 주지 않는다.

포레스터 리서치는 이 회사의 롤뷰(RoleView) 리서치 구독 서비스를 다양한 대기업의 최고 경영진에게 제안한다.

예를 들어 프록터 앤 갬블(Procter & Gamble)이 CMO용 포레스터 롤뷰에 가입한 다음 CIO용으로 롤뷰에 2번째 가입할 수 있다. CIO는 구독을 취소하기로 결정했지만 CMO가 구독을 계속 유지한다면 포레스터는 로고 해지는 피하게 된다. 회사는 월가에 투자자들의 눈에서 로고가 사라진 것이 아니라는 뜻으로 구독 중 하나가 취소되었지만 P&G는 여전히 고객이라고 말할 수 있다. 월가의 시각보다 더 중요한 것은 포레스터가 P&G와 관계를 계속 유지하면서 미래에 언젠가 CIO에게 다시 판매할 수 있는 방법을 모색할 수 있게 되었다는 점이다.

달러 셰이브 클럽은 면도날 구독 서비스를 판매하기 시작했다. 하지만 이 회사의 다음 목표는 '욕실 점령하기'로 진화한다. 2013년 6월, 달러 셰이브 클럽은 남성용 물휴지인 원 와이프 찰리즈(One Wipe Charlies)라는 구독 서비스를 출시했다. 어떻게 고상하게 설명해야 할지 모르겠지만 뒤를 닦는 휴지를 구독하는 서비스를 판매하는 것이다. 원 와이프 찰리즈에 가입하면 엄청나게 큰 20개짜리 마르고 거친 화장실 휴지를 사러 마트에 다녀오지 않아도 된다. 달러 셰이브 클럽은 여러분에게 우편으로 보들보들한 원 와이프 찰리즈 한 팩을 보내줄 것이다. 나중에 이 회사는 닥터 카버즈 이지 셰이브 버터(Dr. Carver's Easy Shave Butter)도 출시했다. 이제 이 회사는 여러분이 여러 구독 서비스 중 하나를 끊기로 했더라도 여전히 여러분을 고객으로 남아 있게 할 세 가지 제품을 보유하고 있는 셈이다.

해지를 낮추기 위한 아이디어 9: 늘 푸르게 가라

잡지 구독 서비스는 시작일과 종료일이 있다. 구독 종료일이 있는 경우, 문제는 재구독을 설득하는 데 돈이 매우 많이 들고 시간도 많이 소비된다는 점이다. 일부 주류 잡지에서는 구독자 확보 및 구독 갱신에 중점을 둔 잡지사 부서인 판매국의 예산이 회사가 매년 구독자들로부터 벌어들이는 총 매출과 같은 경우도 있다.

연간 총 매출 = 연간 총 예산

여러분이 구독 서비스에 종료일을 두고 있다면 해지가 제품의 질이 떨어졌기 때문이 아닐 수도 있다. 그것은 구독자가 이메일 주소를 바꿨거나, 갱신 알림이 전송되는 시점에 휴가 중이거나, 그냥 그날이 운이 없는 날일 수도 있다.

구독 기반 면도날 회사 레이즈*워가 처음 사업을 시작할 때, 종료일이 있는 1년 구독 서비스를 제공했다. 당시 가입자 3명 중 1명만 서비스를 갱신했다. 회사가 나서서 먼저 재구독을 요청했기 때문에 고객의 3분의 1을 잃었다. 요즘 레이즈*워는 고객이 서비스를 원하지 않으면 자신이 직접 서비스를 끊어야 하는 에버그린 모델을 시행하고 있다. 이 것으로 해지율이 놀라운 숫자로 떨어졌다.

마케터들은 고객이 서비스 지속 여부에 대한 질문을 받지 않고 본인이 해지 옵션을 실행해야 하기 때문에 에버그린 모델을 '부정적 옵션'이라고 부른다. 처음에는 이 모델이 교활하게 보이지만 그렇게 의도된 것은 아니다. 여러분이 제품이나 서비스의 품질에 만족하는 사람들은 재구독을 하겠다고 매번 알려야 하는 게 무척 성가시다. 이것은 마치 여러분이 얼마나 자기를 사랑하는지 표현하는 말을 끊임없이 듣고 싶어 하는 애정에 굶주린 사람 같다. 끊임없이 확인 요청을 하면 얼마 지나지 않아 짜증을 낼 것이다.

망가지지 않았다면 고치지 마라. 여러분이 레이즈*워이고 고객이 매달 우편함으로 면도날을 받아보기를 원한다면 서비스 지속과 관련된 양식을 작성하게 하지 마라. 그만 받아보고 싶으면 그가 그때 알려줄 것이다. 여러분이 허슬 프리 홈 서비스이고 고객이 매달 망가진 전구를 교체하고 싶어 한다면 계속 일을 잘 처리해주고 그런 혜택을 준 대가를 카드에 청구하라. '설정하고 잊어라'라는 가치 제안은 한 번 설정하고 계속 재설정을 해야 한다면 그 장점을 잃는다.

에버그린 규칙에 있어 한 가지 예외는 대기업에게 값비싼 구독 서비스를 파는 것이다. 현실적으로 말하면 대기업은 대부분 다섯 자리, 여섯 자리, 일곱 자리로 된 구독 서비스 요금을 직원이 신용카드로 납부하도록 하지 않는다. 게다가 대부분의 구매 부서는 계약기간이 고정된 계약을 원한다. 여러분의 관점에서 규모가 큰 회사에 구독 서비스를 판매하는 회사는 매년 또는 2년마다 계약 내용을 재협상할 기회를 갖고 싶어 한다. 그러므로 구독 서비스에 고정된 기간과 그에 따른 갱신일을 두는 것이 대체로 더 낫다.

결론적으로 구독 서비스 회사의 규모를 키울 수 있는 가장 빠른 길은 고객이라는 양동이에 난 구멍을 메우는 것이다. 초점을 맞출 첫 번째 장소는 제품이나 서비스 그 자체다. 그것들은 고객에게 가치 있는 것이어야 한다. 그런 다음 이 장에서 소개된 9가지 아이디어를 테스트하면서 자발적 해지를 알맞은 수준까지 낮춰야 한다.

16장

앞에서 보았듯이 구독 서
비스는 미디어나 소프트웨어 회사에서만 활용할 수 있는
비즈니스 모델이 아니다. 구독 서비스에는 여러 가지 모델
이 있기 때문에 어떤 산업에 속해 있든 모든 회사에 혜택
을 줄 수 있다. 크기나 제품, 서비스에 관계없이 구독자가
고객보다 여러분 회사에 더 좋다. 구독 서비스 회사가 어
떻게 전통적인 회사를 이기는 지에 대한 내가 좋아하는 사
례는 꽃을 판매하는 비즈니스다.

전형적인 꽃집을 운영할 때 발생할 수 있는 문제점을 잠
시 생각해 보자.

여러분은 먼저 계절적 변동과 씨름해야 할 것이다. 평균
적인 꽃집은 어머니의 날과 밸런타인데이라는 겨우 두 기

념일에 한 해 매출의 거의 절반을 번다.

주요 기념일이 지나면 사람들은 생일이나 다양한 저녁 모임을 위해 꽃을 산다. 하지만 대체로 여러분은 결혼기념일을 까먹은 불쌍한 남자들을 낚아보려고 애쓰는 신세가 된다. 운이 좋으면 그가 직장에서 귀가하는 길에 꽃을 산다. 운이 나쁘면 그가 아랫동네 다른 꽃집에서 꽃을 산다. 아니면 더 나쁜 경우, 그는 결혼기념일을 아예 까먹고 있다가 아내와 저녁을 먹으러 나가는 것으로 끝낸다. 그리고 여러분의 꽃집에는 아무 소득도 없다.

상황은 더 힘들어서 꽃집은 임대료가 비싼 지역에 가게를 내야 한다. 뉴욕이나 런던, 홍콩 같은 도시에서는 값비싼 가게를 얻는 데 평당 400달러는 어렵지 않게 쓸 수 있다.

그런 다음 재고 문제가 있다. 꽃은 농부가 꺾는 순간부터 시들기 시작한다. 3주 이내에 소매상의 진열장에서 시들어 버린다. 꽃집에서 매달 재고의 절반을 폐기 처분하는 것은 드문 일이 아니다.

어쩌면 여러분의 비즈니스에도 유사한 점이 있지 않은 가? 계절적 변동을 잘 처리하고 있는가? 일정치 않은 수요 는? 판매를 하기 위해 고객을 가로채오려고 계속 애쓰고 있는가? 부패하기 쉬운 재고가 있는가?

어쩌면 여러분은 죽어가는 것을 판매하지 않을 수도 있 다. 하지만 직원을 고용하고 있다면 그중 한 사람이 여러 분의 부패하기 쉬운 재고가 될 수도 있다. 어쨌든 직원들 은 월요일부터 금요일까지 일하고 여러분이 그들을 바쁘 게 할 일을 가지고 있거나 말거나 월급을 받기 바란다.

나는 컨설팅 회사의 수요에 직원 수를 맞추려고 노력하 면서 맛봤던 좌절감을 기억한다. 컨설턴트로서 우리는 기 본적으로 사람들의 시간을 빌렸다. 우리가 예측을 잘못하 고 너무 많은 업무를 받으면 직원들은 일에 압도되고, 사 기는 꺾이고, 회사 문화는 변질되고, 업무의 질은 곤두박 질치고, 브랜드는 손상될 것이다.

반대로 너무 할 일이 없으면 직원들은 그게 알려질까 봐

두려워하며 컴퓨터 스크린 뒤로 숨으려할 것이다. 우리는 사무실에서 핀이 떨어지는 소리까지 들을 수 있을 것이다. 그리고 사람들은 모두 언제 감원이 시작될지 전전긍긍할 것이다. 더 나쁜 일은 그 모든 사람들이 우리에게 일이 있든 없든 관계없이 월급을 기대한다는 것이다. 그래서 이윤과 수익은 우리가 잘못 예측한 매일 매일 줄어들 것이다.

지금 나는 구독 서비스 회사 두 곳을 경영하고 있다. 그리고 나는 수요와 공급을 맞추려고 끊임없이 예측하는 게임을 하던 어느 날 자동 고객을 선택했다고 단언할 수 있다. 소누 판다와 브라이언 버크하트는 이것을 구독 기반 화훼 회사 H.블룸을 통해 깨달았다. 우리는 이 책의 앞부분에서 이 회사의 여정을 따라가 보았다.

H.블룸 같은 회사들은 내가 이 책을 쓴 이유다. H.블룸은 구독 서비스가 일반적이지 않은 업계에서, 그리고 실리콘 밸리에서 수천 마일 떨어진 한 도시에서 전통적인 비즈니스를 택했다. 그리고 자동 고객을 만들기로 결심했다.

모스키토 스쿼드도 해충 구제 사업에서 똑같은 일을 하며 일반 고객들의 '할 일' 목록에서 할 일 하나를 덜어주는 구독 서비스를 만들었다. 캐시와 수잔 블레이크는 성공적으로 댄스 스튜디오를 운영하는 지식을 구독 서비스로 판매해 같은 산업에 종사하는 동료들이 사업을 더 잘 할 수 있도록 도와주었다.

이들의 이야기를 공유하면서 내가 바라는 것은 여러분이 어떤 산업에 종사하든 여기서 영감을 받아 자신의 구독 비즈니스를 개발하게 되는 것이다. 나는 구독 서비스가 여러분의 회사에 가해지는 스트레스를 줄여주고 가치는 훨씬 더 높여줄 것이라 믿는다. 내가 여러분의 회사에 자동 고객을 만들 수 있을 것 같은 방법에 대한 아이디어가 생각나게 했다면, 이 책은 그 목적을 다한 것이다.

2013년 가을, 나는 순환 매출 비즈니스 모델에 대한 책을 써야겠다는 생각을 막 하기 시작했다. 친구 액셔너블 북스(Actionable Books)의 창업자 크리스 테일러(Chris Taylor)가 내게 목소리가 부드러운 드미트리 부터린(Dmitry Buterin)이라는 러시아 사람을 만나보라고 권했다. 부터린과 나는 전에 한 번도 만난 적이 없었지만 그는 시간을 내 구독 서비스 비즈니스 모델에 대해 자신의 회사 와일드 애프리콧에서 배운 내용을 찬찬히 설명해 주었다. 그는 겸손하고 솔직하게 구독 서비스 경제에서 성공에 거두었던 자신의 여정을 자세히 말해 주었다. 부터린은 자신의 회사를 실험 대상으로 사용하여 구독 서비스 모델에 얽힌 복잡한 내용을 내가 이해할 수 있도록 길에 불을 밝혀주었다.

부터린이 자리를 뜨며 준 선물 중 하나는 내가 공부하면 좋겠다며 건네준 다른 구독 서비스 경제 전문가 목록이었다. 그 목록에는 데이비드 스코크와 제이슨 코헨이 포함되어 있었다. 그 둘 뿐 아니라 내가 생애 가치를 시각적으로 이해할 수 있도록 도와준 제이슨의 파트너인 캐피탈 팩토리의 고든 도어티에게도 감사를 전한다.

돈 니콜라스와 앤 홀랜드, 팀 커버는 내게 온라인 정보 구독 서비스에 대해 알려주었고 아미르 에라구이즈는 전자 상거래 구독 서비스 모델에 대한 복잡한 내용을 설명해주었다. 조엘 요크는 구독 서비스 비즈니스의 수학적 근거에 대해 가르쳐주었고 제인 테런스는 구독 기반 소프트웨어 회사가 인수되고 매각되는 방식에 대해 힘들게 얻은 지식을 공유했다.

내게 자신의 이야기를 공유해준 구독 서비스 회사의 창업자들과 내부직원들을 열거하자면 그 목록이 길다. 그중 특별히 도움을 준 몇 명만 적어보겠다. 프랭크 어거(허브스폿), 캐시 블레이크와 수잔 블레이크(댄스스튜디오오너닷컴), 앤소니 센토어(스라이브워크스), 피에르 드 네이어(레이즈*워), 제이슨 프리드(베이스캠프), 앤드류 그레이(커크패트릭 앤 호프스), 번 하니쉬(게이즐러즈), 션 헌트(스튜어트 헌트 앤 어소시에이츠), 알렉스 헤이슨(코이에), 조슈아 자코보(뉴 마스터즈 아카데미), 조다나 카바(스탠더드 코코아), 패트릭 켈리(컨시어스 박스), 네브 랩우드(스노우보드어딕션닷컴), 캐시 맥커비(드림 오브 이태리), 마이크 맥더먼트(프레시북스닷컴), 페리 넬슨(나이슬리 노티드), 마이크 네바(모스키토 스뭐드 오브 노던 버지니아), 칩 나이보그(트라이스테이트 엘리베이터 co.), 크리스 오브라이언(바크박스닷컴), 소누 판다(H.블룸), 조 폴리쉬(지니어스 네트워크), 로리 로젠(블랙삭스), 짐 베고니스(하슬 프리 홈 서비스), 그리고 스코트 자이드(모스키토 스쿼드).

친구들인 트레보 커리에와 번 하니쉬, 테드 매튜, 딘 타이는 이 책의 초기 원고 때문에 고생을 많이 했다. 그들의 조언으로 이 책이 훨씬 좋아졌다. 자신의 이야기를 들려준 모두에게 감사하다.

작가들 사이의 일반적인 접근법은 단체보다는 개인에게 쓰는 것이다. 나는 누가 내게 그런 기법을 가르쳐주었는지 혹은 어디서 그걸 들었는지 기억나지 않지만 이 책을 쓰는 데 그것이 도움이 된다는 사실을 알았다. 내가 글을 쓴 대상은 내 동생 엠마다. 그녀는 DIG(Data Insight Group)라는 회사를 성공적으로 경영하고 있다. DIG는 우량 기업고객과 똑똑한 직원들과 함께 큰 성공을 거뒀다. 하지만 엠마는 아직 자신의 구독 서비스 모델을 찾지 못하고 있다. 매일 아침 나는 컴퓨터 앞에 앉아 보낼 생각이 없는 300자짜리 편지를 엠마에게 썼다. 150일의 아침을 엮어보니 내게 이 책의 원고가 생겼다.

여러분은 내가 실제로 그녀에게 초고를 보여주면서 의견을 물었을 때 가졌던 기대감을 상상할 수 있을 것이다. 우리가 만났을 때 그녀가 가진 원고의 복사본에 여기저기 표시가 되어 있었다. 나는 원고가 그녀 마음에 들지 않는다는 생각에 마음이 덜컥 내려앉았다. 그녀는 훌륭한 제안을 많이 하기도 했지만, 나중에 알고 보니 그녀 또한 자신의 비즈니스에 적용할 수많은 아이디어 옆에 표시를 했던 것이다. 엠마에게 감사하다. 나에게 편집자이자 조용한 펜팔 친구가 되어주어서.

마지막으로 부엌 식탁에 둘러 앉아 구독자가 고객보다 더 나은 이유를 내게 참을성 있게 설명하면서 많은 밤을 보내셨던 아버지도 내게 너무나 고마운 분이다.

구독경제 마케팅
자동 고객을 만드는 서브스크립션 전략

초판 발행 2020년 1월 14일 | **1판 2쇄** 2021년 7월 5일

발행처 유엑스리뷰 | **발행인** 현호영 | **지은이** 존 워릴로우 |
옮긴이 김영정 | **주소** 서울시 마포구 월드컵로1길 14 딜라이트스퀘어 114호
팩스 070-8224-4322 | **등록번호** 제333-2015-000017호
이메일 uxreviewkorea@gmail.com

ISBN 979-11-88314-37-9

THE AUTOMATIC CUSTOMER:
Creating a Subscription Business in Any Industry